Trotz(t) Merkel

Kommentare eines Gutbürgers zur aktuellen Politik
von Dezember 2016 bis September 2017

von Dieter Rakete

Vorwort

Dieses Werk „Trotz(t) Merkel" ist die Fortschreibung meiner bereits vorhandenen Paperbooks und ebooks:
„Zauberlehrling und Flüchtlingskrise" (ISBN 9783743193581)
„Links geht´s zum Paradies" (ISBN 9783741226304),
„Flüchtlinge, Migranten, Mutter Merkel" (ISBN 9783739243832),
und meiner ebooks:
„Das Haar in der Suppe",
„Die andere Meinung" und
„Der Islam gehört zu Deutschland ... und anderer Quatsch".

„Trotz Merkel" soll heißen, dass „trotz" katastrophaler Fehler (Energiewende, Migrationskrise, Fehleinschätzungen des Islam) diese durch die Stärke der deutschen Wirtschaft verdeckt werden. In naher Zukunft werden sich aber die Hintergründe offenbaren.

„Trotzt Merkel" bedeutet, dass sich in Deutschland nur durch Abwahl von Merkel und ihrer Gefolgsleute in allen Parteien etwas ändern wird. Allerdings sollte nicht die CDU abgewählt werden. Jens Spahn z.B. wäre ein sehr guter Ersatz für Merkel.
Der Schwerpunkt der Kommentare liegt auf „Merkel", „Migrationspolitik" und „Islam".
Folgende Kernsätze werden durch die Kommentare erweitert und vertieft:

Tweets sind im Anhang hinzugefügt, weil sie in aller Kürze ein Problem schlagartig sehr gut erhellen können.
Leserbriefe, von denen ein großer Teil in den Printmedien veröffentlicht wurden, sind inhaltlich den einzelnen Kapiteln zugeordnet.

Inhalt

Merkel

Fragen zu Merkels Biografie

24.08.2017

Ich möchte genau wissen, welchen Teufel den Pastor Kasner, Merkels Vater, geritten hat, 1954, ein Jahr nach dem blutig niedergeschlagenen Arbeiteraufstand und kurz nach der Geburt der Tochter Angela, in die kommunistische DDR zu gehen. Wahrscheinlich war er wie viele andere auch davon überzeugt, dass dieser kleinkarierte Staat das bessere Deutschland repräsentierte.

Ich möchte auch genau wissen, ob die junge Angela Kasner in Opposition zu ihrem Vater stand oder wie sie sonst sozialisiert wurde. Gegen die totalitären Strukturen dürfte sie sich nicht profiliert haben. Denn sie durfte studieren. Vielen anderen jungen Menschen wurde ein Studium verweigert, weil sie selber oder ihre Eltern sich standhaft dem gesellschaftlichen Unsinn widersetzten.

Merkels bauernschlaue Taktik

WELT vom 2017-08-19

Merkel hat mit allen Parteien außer der AfD telefoniert und eine Übereinstimmung erreicht, den Anschlag in Barcelona „nicht für eigene Zwecke zu gebrauchen". Mit dieser Taktik hat sie aber ihrerseits eigene Interessen verfolgt. Denn sie hat verhindert, dass nach den Gründen des Terrors gefragt wird. Das allein macht die ausgeschlossene AfD, die Politikversagen offener Grenzen und Immigrationspolitik für islamische Anschläge verantwortlich macht. Zu Recht oder zu Unrecht – das muss diskutiert werden dürfen.

Immerhin gibt es starke Argumente für diese Einschätzung: Ungarn ist bisher terrorfrei. Mit Migranten sind doch auch Gefährder nach Deutschland gekommen. Merkel besucht keine Hinterbliebenen von Anschlägen aus Furcht vor zorniger Ablehnung. Sie hat ihre Politik um 180 Grad verändert.

Merkel: Die Personifizierung eines Potemkinschen Dorfes

18.08.2017

Die CDU ohne Merkel wäre schwach. Dennoch: Sie wird überschätzt. Sie ist die Personifizierung eines Potemkinschen Dorfes:

Häufig wird ihr zugeschrieben, dass sie „als Physikerin vom Ende her denke" (Physiker „denken gar nicht vom Ende her", sondern sie formulieren aus empirischen Daten Gesetze), dass sie als „Ostdeutsche immer wieder gezeigt hat, dass sie wenig Respekt hat vor den Beständen des bundesrepublikanischen Konservatismus" (Alan Posener in WELT vom 18.08.2017) und dass sie eine „moralische Instanz" sei, weil sie die Grenzen für Flüchtlinge mitleidig geöffnet habe.

Zu den einzelnen ihr zugeschriebenen „Qualitäten":

Sie hat die Grenzen nicht nur aus Mitleid geöffnet und offen gelassen, sondern auch weil die Regierung die positive Meinung der Wähler zur „Willkommenskultur" fürchtete (Robin Alexander, „Die Getriebenen"). Sie hat die Energiewende überhastet (nicht wie die Schweizer) nach Fukushima nicht aus Sorge um die Sicherheit eingeleitet, sondern auch weil sie Roten und Grünen ein Wahlkampfthema nehmen wollte. Die Kosten für Energie werden immer höher. Dass sie bei diesem Problem „vom Ende her gedacht" hat, kann man ebenso wenig behaupten, wie bei den chaotischen Folgen ihrer Migrantenpolitik.

Ihre negative Einstellung gegen den Konservatismus in der CDU wird ihr wahrscheinlich noch bei einem „wind of change" um die Ohren fliegen.

All diese Schwächen, bzw. dieser macchiavellistische Machterhalte, werden verdeckt durch Deutschlands enorm starke Wirtschaft - zu der sie als Person nicht übermäßig viel beigetragen hat. Kein europäischer Führer würde sie hofieren, wenn sie aus einem armen Land käme.

Und zum Schluss dieser Einschätzung:

Von Merkel habe ich außer Allgemeinplätzen der schwäbischen Hausfrau noch nie ein geschichtsphilosophisches tiefgründigeres Statement gelesen. Sie muss gar nicht so schlau daherreden wie Richard von Weizsäcker. Aber leider ist das Tragische der conditio humana und der Politik in ihrem Riesenausschnitt bei den Wagner-Festspielen in Bayreuth untergegangen.

Vom Bach zum reißenden Strom

21.07.2017

Es muss einen zentralen, weltweit erkannten Grund gegeben haben, dass ziemlich gleichzeitig so viele Menschen von Afghanistan, über den Mittleren und Nahen Osten bis Nigeria und Marokko nach Europa wollten und immer noch wollen.

Dieser zentrale Grund war eindeutig Merkels propagierte „Willkommenskultur". Damit schwoll ein vorhandener kleiner Bach zu einem reißenden Strom, den man jetzt einzudeichen versucht.

„Warum", fragt Orban, „sollen wir „solidarisch" sein mit dieser falschen Politik"?

Solidarität und Flüchtlingskrise

08.07.2017

Es wird behauptet, dass mangelnde Solidarität einzelner EU-Staaten bei der Aufnahme von Migranten das Kernproblem der Krise sei.

Dazu könnte z.B. Orban sagen: „Warum soll Ungarn muslimische Migranten aufnehmen, wenn die EU meine Vorschläge nicht akzeptiert und es dann nicht schafft, durch Schließung der Grenzen oder anderer Maßnahmen den Strom zu stoppen. Eine falsche Politik zu verfolgen und dafür Solidarität einzufordern, machen wir nicht mit".

Ein Weiter-So würde ja tatsächlich auch bedeuten, dass Abermillionen von Migranten „Solidarität" nutzen könnten, um EU-Staaten zu überschwemmen.

Also: Solidarität ist nicht das Kernproblem, sondern effektiver Schutz der Grenzen im Zusammenwirken mit weiteren reduzierenden Hilfen.

Merkel: Kanzlerin der Kehrtwendungen

24.06.2017

Robin Alexander stellt am Ende seines lesenswerten Artikels die staunende Frage, „Wie passt diese Bilanz der politischen Überraschungen dazu, dass Merkel heute Projektionsfläche für die Sehnsucht nach Stabilität ist". Die Antwort auf diese Frage läge darin, dass Merkel mit ihren Kehrtwendungen immer das Bauchgefühl der „hier länger Lebenden" getroffen hat.

Es ist auch eine andere Antwort möglich, dass Merkel nämlich neben ihrem kostenträchtigen Unsinn und ihrem verbalen Stuss keinen „hier länger Lebenden" in existenzielle Armut gebracht hat. Deutschland ist zu reich, um wegen Folgeschäden ihrer Gesinnungspolitik die Stimmung zu ändern.

Möglicherweise geht es sogar gar nicht um Gesinnungspolitik, sondern um Machtgier. Sie hat es immer wieder geschafft mit „korrekten" Worten ihre Lebensabschnitte zu begründen: FDJ-CDU-„Generalverräterin" in Kohls Spendenaffäre. Nun dürfen wir gespannt sein, welche „korrekten" scheinheiligen Worte sie für ihre Trauerrede findet.

R. Alexander, Kehrtwendungen,

WELT vom 24.06.2017

Robin Alexander stellt am Ende seines lesenswerten Artikels die staunende Frage, „Wie passt diese Bilanz der politischen Überraschungen dazu, dass Merkel heute Projektionsfläche für die Sehnsucht nach Stabilität ist". Die Antwort auf diese Frage läge darin, dass Merkel mit ihren Kehrtwendungen immer das Bauchgefühl der „hier länger Lebenden" getroffen hat.

Es ist auch eine andere Antwort möglich, dass Merkel nämlich neben ihrem kostenträchtigen Unsinn und ihrem verbalen Stuss keinen „hier länger Lebenden" in existenzielle Armut gebracht hat. Deutschland ist zu reich, um wegen Folgeschäden ihrer Gesinnungspolitik die Stimmung zu ändern.

Möglicherweise geht es sogar gar nicht um Gesinnungspolitik, sondern um Machtgier. Sie hat es immer wieder geschafft mit „korrekten" Worten ihre Lebensabschnitte zu begründen: FDJ-CDU-„Generalverräterin" in Kohls Spendenaffäre. Nun dürfen wir gespannt sein, welche „korrekten" scheinheiligen Worte sie für ihre Trauerrede findet.

Weede, Die Kunst des Möglichen, in: JF Nr. 25/17

Junge Freiheit 15.06.2017

Der Artikel von E. Weede, „Die Kunst des Möglichen" ist eine hervorragende Exemplifizierung der Max-Weberschen- Unterscheidung von Gesinnungs- und Verantwortungsethik.

Gefährlich sei eine „Politikerin (gemeint ist Merkel), die von der Reinheit ihrer Motive zutiefst überzeugt" sei. **Diese „Reinheit" ersetze aber nicht die Abschätzung der wahrscheinlichen Folgen.** Die Wahrheit dieses Satzes könne man sehr gut an Merkels Handeln erkennen:

Ihr missionarischer Eifer in der Klimapolitik bewirke kaum etwas, ist aber extrem teuer und verschandelt die Natur. Wenn nämlich die Welt vor dem Klimawandel gerettet werden sollte, dann müssten die USA und China die Führung übernehmen. Deutschland trage nur zwei Prozent zur globalen CO_2-Emission bei.

Insgesamt ginge es Merkel immer darum, „Gutes" zu tun und um soziales Engagement ohne Rücksicht auf die Folgen und die Kosten für Deutschland.

Negative Beispiele für diese moralisch basierte Politik seien desweiteren Eurorettungs- und Flüchtlingspoltik.

Ganz besonders aber zeigt diese Art Flüchtlingspolitik, dass Merkel dem „Kategorischen Imperativ" unseres großen deutschen Moralphilosophen

Immanuel Kant widerspricht: „Handle so, dass die Maxime deines Willens jederzeit zu einem allgemeinen Gesetz erhoben werden kann".

Es kann nicht „Maxime des Willens" sein, alle Beladenen dieser Welt ohne Identitätsprüfung ins Land zu lassen. Eine „moralische Instanz" im Sinne Kants ist sie nicht.

Leider ist es so, dass Kritik an Gesinnungsethikern keine Wirkung zeigt. Im Gegenteil - sie gelten allgemein als politisch korrekt. Jedermann will ja „gut" sein.

Merkel Superstar?

10.06.2017

Es wird viel spekuliert über Angela Merkels Funktion in der chaotischen Welt. Ein Journalist der WELT vom 10.06. beantwortet u.a. seine eigene kuriose Frage, ob Merkel nach Obama „das Zepter als moralische Instanz" übernehme, mit der Tatsache, dass Weltpolitik seit Jahrhunderten auf wichtigerer, ganz realer wirtschaftlicher und militärischer Macht beruhe.

Merkel als „moralische Instanz" überhaupt in Erwägung zu ziehen, ist übertrieben. Sie verstößt ja sogar gegen Kants „Kategorischen Imperativ". Es kann nicht „Maxime des Willens" sein, alle Beladenen ohne Grenzkontrollen in Deutschland aufzunehmen.

Desweiteren stellt dieser Journalist fest, um Merkels Macht innerhalb der EU zu klären, dass Juncker und Tusk ihre „Kreationen" seien. Zwei Namen vergisst er zu erwähnen, nämlich Viktor Orban und Sebastian Kurz. Die beiden haben sie tanzen lassen, nämlich Pirouetten.

Es dürfte sicher sein, dass dann, wenn Deutschland ein armes Land wäre, Merkels Politik nicht mehr versteckt, sondern ganz offen als Lachnummer abgetan würde: die offenen Grenzen für jedermann und die panische Energiewende.

Ein wahrer Konservativer

31.05.2017

Ich bin ein „wahrer Konservativer":

Ich reiße mein altes Haus nicht ab, bevor ich nicht weiß, wie das neue aussieht.

Daraus folgt:

- Ich bin ein glühender Anhänger eines supranationalen „Europas der Vaterländer" (Charles de Gaulle).

- Obwohl ich der Meinung bin, dass Ausländer eine Bereicherung sein können, lehne ich übertriebenen Kulturrelativismus ab, der in einem unreflektierten Multikulturalismus den sich entfaltenden Weltgeist erkennt.

- Ich bewundere die Klugheit der Schweizer, die ihre 5 Atomkraftwerke so lange laufen lassen (max. 26 Jahre), wie sie von der Behörde als sicher eingestuft werden. Eine überhastete teure Einführung der erneuerbaren Energien, die bis jetzt fast keinen Effekt für die Umwelt haben, sondern Landschaften verschandeln, kann dort somit unterbleiben.

- Die Griechenland-Rettung ist nur möglich, indem man das Prinzip „pacta sunt servanda" verletzt.

- Merkels anfängliche Flüchtlings- und Migrantenpolitik hat die Flüchtlingskrise verschärft. Es ist zwar richtig, dass es externe Gründe für die Fluchtbewegungen gab, Armut und Bürgerkriege, dass aber interne Gründe diese in unbeherrschbare Höhen getrieben haben:

  Hohe Sozialleistungen

  Unkontrollierte Grenzöffnung

  Refugees-Welcome-Hype

  Wir schaffen das

  Wir brauchen dringend Arbeitskräfte

  Flüchtlinge, Migranten und Asylbewerber werden nicht unterschieden

- Ich mag nicht, wenn eine demokratische Partei, dazu noch von Dummies diabolisiert wird mit unethischen Mitteln der Diskriminierung, obwohl massiv aus deren Parteiprogramm abgeschrieben wird.

- Ich liebe meine Familie und sehe keinen Sinn darin, Hunderte von neuen sexuellen Orientierungen zu entdecken.

- Ein übertriebener Genderwahn (die Gesellschaft „bestimmt" das Geschlecht) kann nur Ergebnis kranker Gehirne sein.

Wie „Kelten" in Germanien

12.05.2017

Im Jahre 2015 nach Christus haben alle Parteien Deutschland mit ihrer „Willkommenskultur" erobert.

„Alle"?

„Nein"!

Eine kleine unbeugsame Partei widerstand und widersteht immer noch den Eroberern. Nur schade, dass sie glaubt, ihr würde der Himmel auf den Kopf fallen (Text nach Goscinny „Asterix und Obelix").

Und im Übrigen haben die Nachfahren der Kelten, die Franzosen, eine liberalere Einstellung zu politischen Richtungen. Dort können Politiker verkünden, sie wollten „die Rechten vereinigen", ohne dass linksliberale Politiker hysterisch „Aggressivität gegen Rechts" fordern oder dass (daraufhin) „Schwarze Blöcke" Autos abfackeln oder Polizisten krankenhausreif schlagen.

Der „neueste" Mensch

12.05.2017

Genau so wenig, wie es der Kommunismus schaffte, den „neuen" sozialistischen" Menschen zu schaffen ohne Konkurrenzdenken, ohne Neidgefühle, ohne Sehnsucht nach Privateigentum, werden es die Anhänger der neuen Epoche des Postnationalen, des Posthistorischen, der Globalisierung, des Ultraliberalismus und des Immigrationismus schaffen, aus „normalen", vernünftigen, behämmerten, extremen, abstoßenden Zeitgenossen einen schwebenden Kosmopoliten und liebenswerten, tragischen Kämpfer für Freiheit, Gleichheit, Brüderlichkeit zu erschaffen. Denn es wird im moralischen Mainstream gerade übersehen, dass besonders drei Faktoren die Rechten in Europa groß gemacht haben:

- die „brüderliche" kritiklose Islamophilie trotz terroristischer Massenmorde,

- die ungeregelte Einwanderung von „nicht gleichen" kulturfremden Analphabeten nach Europa,

- der Anspruch von Brüssel und Gefolgsleuten, alle Probleme zentralistisch „nicht freiheitlich" regeln zu wollen und den homo europeensis, bzw. planetaris zu erschaffen.

Wollt ihr ewig meckern?

WELT vom 24.04.2017

„Ich kann zwar keine Eier legen. Aber ich rieche, wenn sie faul sind" (Karl Kraus). „Ewig meckern" will gewiss keiner. Aber materieller Wohlstand verhindert nicht, sich über Unsinn aufzuregen: überhastete Energiewende mit hohen Kosten und verschandelter Landschaft durch Windspargel, Höchststeuersätze, unbegründete Islamophilie, chaotische Migrantenströme, neuer europäischer Mensch, von Brüssel gelenkt.

Robin Alexander, Flüchtlingskanzlerin

WELT vom 13.04.2017

Merkel spielt immer „die Gute".

Sie machte Karriere in der DDR. **Gut**! Vorm amerikanischen Kongress erklärte sie, sie wisse um die Freiheitsbeschränkungen und die Verbrechen der Stasi. **Gut**!

Sie spielte die gnadenreiche Flüchtlingskanzlerin. **Gut**! Sie will aber nach Chaos und Tragödien keine Flüchtlingskanzlerin mehr sein. **Gut**!

Merkel hat zwar Physik studiert. Aber sie ist auch „kompetent" in Allchemie. Sie macht aus „Dreck Gold", bzw. aus Negativem Positives.

Merkels Internationale

03.03.2017

Delirat ista mulier! Merkels Aussagen, dass das Volk jeder sei, „der in diesem Land lebt" und dass die Deutschen diejenigen seien, „die schon länger hier leben" passen genau in ihre intellektuelle Ausstattung: Sie handelt mit "Hausfrauenjargon" nach dem Axiom: actio gleich reactio. Ein allgemeines Gesetz und seine Folgen kann sie aber nicht formulieren. Sie wird gelobt, weil sie als Physikerin „vom Ende her denkt". Leider ist ihr denkerisches „Ende" ziemlich nah vor ihrem Kopf. Denn mit ihren Aussagen gerät sie mit Grundgesetz, Staatsangehörigkeitsgesetz und Bundesverfassungsgericht in Konflikt, wenn sie denn angeklagt würde.

Übrigens wäre es Merkel-logisch, wenn der deutsche Pass ersetzt würde durch den „Nachweis eines längeren Aufenthaltes".

Und ihr Stuss ist sehr nahe dem lateinischen Sprichwort: „Ubi bene, ibi patria".

Spaltung der Gesellschaft

20.02.2017

Der Grund für die „Spaltung" westlicher Gesellschaften liegt auch daran, dass geglaubt werden soll, zwischen Extremen könnte es einen toleranten Kompromiss geben, also dass ein Eingeborener mit Penisschmuck „gleichartig" sei mit einem Professor für Altphilologie oder ein sexuell Bunter mit einem Heterosexuellen oder ein schwarz verhülltes Gespenst mit einem

Pornostar oder ein Inuit mit einem Roma oder die Lüneburger Heide mit der südlichen Sahara.

Sondergipfel auf Malta

09.02.2017

Zuwanderung muss gesteuert werden. Über diese banale Notwendigkeit scheinen sich nun auch Politiker der EU auf dem Sondergipfel auf Malta einig gewesen zu sein.

Wenn die „Physikerin, die von hinten denkt" (Medien-Sprech), diesen vernünftigen Kurs bereits zwei Jahre zuvor gewählt hätte, dann hätte sie nicht Deutschland und Europa gespalten und die Rechten stark gemacht.

Ideologische Motive bei der illegalen Zuwanderung wie „humanitäre Pflichten" nach Kriegsschuld, gepaart mit individuellem Mitleid, oder „Verantwortung" aus kolonialer Vergangenheit werden mehr und mehr abgelöst durch existenzielle eigene Interessen.

Ein Gebot des Menschenrechts bleibt aber bestehen. Man darf Muslime nicht generell abweisen, selbst wenn keine religiöse Gemeinschaft so viele potenzielle Störer und Dschihadisten aufweist und die größte Zahl an mörderischen Terroristen der Weltgeschichte stellt.

Wettstreit der Meinungen und Argumente

01.02.2017

Merkel sei beliebtes Ziel der extremen Rechten, weil sie Symbolfigur für Europas liberale Werte und für eine offene Gesellschaft geworden ist.

Dagegen wird argumentiert, dass sie selber die feindliche Rechte mit ihrer Politik der offenen Grenzen erst stark gemacht habe. Sie habe mit dieser subjektiven Mitleids-Politik Gesetze gebrochen und ein schlimmes Chaos angerichtet - zum Glück in einer reichen Gesellschaft!

Die Lobredner übersehen aber, dass Merkel sich um 180 Grad gedreht und Abschied genommen hat von ihrer früheren Flüchtlingspolitik. Sie wird also gelobt für etwas, das sie selber nicht mehr vertreten will.

Doch als moralisch gewertete Entscheidungen finden viele Anhänger und sind der Kritik entzogen. Dafür ist Merkel und sind Die Grünen beste Beweise. Helmut Schmidt würde den Kopf schütteln.

Deshalb bleibt Merkel wegen ihrer hohen Akzeptanz und ihrer guten Chancen bei der nächsten Wahl an der Spitze der CDU.

Politik mit irrer Semantik

25.12.2016

„Krieg" gegen den Terror darf nicht gesagt werden, weil dieser Begriff völkerrechtlich anders definiert ist, und weil die Kämpfer des Terrors keine Soldaten sind (de Maiziere).

Diese politischen Sprachpuristen dürften dann auch nicht zulassen, dass umgangssprachlich vom „Krieg der Knöpfe" oder „Ehekrieg" gesprochen wird. Sollten wir vielleicht nicht „Krieg" sagen, sondern „guerre" (Hollande) oder „war" (G. W. Bush)?

„Notwendige Härte" und **„mit allen verfügbaren Mitteln Front machen"** gegen den Terrorismus (Helmut Schmidt) kann Merkel nicht empfehlen. Sie würde wegen ihrer früheren Chaospolitik Lachsalven produzieren. Daher mahnt sie lieber **„Besonnenheit"** an. Das klingt auch gut, da keiner gegen Besonnenheit ist.

„Transitzonen" vor deutschen Grenzen, in denen notwendige Prüfungen vor der Einreise erfolgen sollen, werden von der CSU vorgeschlagen. Die SPD lehnt so ein Verfahren ab und spricht daher von **„Haftzentren"**.

„Abschiebungen" klingt zu negativ. Deshalb sagt unsere „besonnene" Kanzlerin lieber **„Rückführungsprozess"**.

„Obergrenzen" darf es mit Merkel nicht geben, - weder für Asylbewerber noch für andere Zuwanderer. Aber auch **„Richtgrößen"** sind nicht akzeptabel, weil der Vorschlag aus Bayern kommt.

Sind Politiker, die sich in wahrhaften Krisen mit solchen Peanuts aufhalten, legale, traditionelle oder sogar charismatische Führer?

Solidarische Hilfe und aktuelle Flüchtlingspolitik

18.12.2016

1. Es müssen die Fluchtursachen in armen und Kriegs-geschüttelten Ländern beseitigt werden. Das dauert sehr, sehr lange und Menschen werden weiterhin fliehen wollen.

2. Bis dahin muss es strenge Zuwanderungsbedingungen, Zäune und sogar Mauern geben, möglichst an den EU-Außengrenzen. Wenn das nicht zu erreichen ist, dann auch an nationalen Grenzen.

3. Die riesigen Summen, die bisher in Deutschland für „potente" Flüchtlinge für Integration ausgegeben werden, müssen aus wahrer Solidarität für die ärmsten der Armen umgeleitet werden, die kein Geld für Schlepper haben

und in Lagern ausharren müssen. Im Jahre 2016 sollen das allein in Deutschland 25 Milliarden Euro gewesen sein. Und die Kosten werden in den folgenden Jahren noch viel höher werden.

Mit diesen Summen lassen sich weit mehr gute Werke vollbringen in den Ländern der Flüchtenden.

PS Werden in Afrika eigentlich nur junge Männer verfolgt?

Merkels CDU

03.12.2016

Solange Meinungen über Merkel verbreitet werden, dass ihr Handeln „staatsmännisch" und „ethisch" überragend ist, dass sie Verantwortung nicht nur für Deutschland übernimmt (hoffentlich auch für mich!), sondern auch für Europa, und dass sie - wie die Linken - die Menschlein mit ihren kleinen Egoismen zu besseren Menschen „umerziehen" will,

wird die CDU nachhaltig in den Keller rutschen.

Da fast alle europäischen „Staatsmänner und -frauen" mit „durchschnittlicher Moral" Merkels Politik in der Praxis nicht unterstützen, bleibt sie alleinige Führerin auf dem deutschen Narrenschiff.

USA

Hannes Stein, Amerika ist ein Gedicht

(v) WELT vom 27.06.2017

Es ist alles lyrisch und romantisch, was Hannes Stein über das „land of the free" schreibt, wohin rassisch, politisch oder religiös Verfolgte auswanderten.

Nur zur Zeit von Walt Whitman und seinem Gedicht gab es nicht die Probleme und Gefahren, die heute drohen. Hannes Stein hätte fairerweise darüber einen Satz verlieren sollen. Eine Gefahr sind nicht die „religiös Verfolgten, sondern die „religiösen Verfolger": die missionarischen und terroristischen Muslime. Dagegen eine Möglichkeit des Schutzes zu suchen, ist legitim und auch legal, wie jüngst der supreme court entschieden hat.

Trump bringt die Verhältnisse zum Tanzen

20.02.2017

Trump bringt die Verhältnisse zum Tanzen! : Niemand will mehr so lügen wie er! Der Hollywood-Kanadier Trudeau wird z.B. der Wahrheit entsprechend in der Flüchtlingsproblematik in die Nähe von Trumps Position gerückt, obwohl Trudeaus Aussagen anderes vermuten ließen.

Trump verzichtet auf formelle diplomatische Höflichkeiten und wehrt sich burlesk-hilflos gegen Medienvertreter, die ihn verabscheuen, wie es aber auch deutsche Politiker getan haben, z.B. Strauß und Kohl gegen das „linke Hamburger Pressekartell": Stern und Spiegel.

Er benennt Missstände direkt und stellt Forderungen, z.B. Natofinanzierung, Abbau von Handelsbilanzdefiziten.

Er versucht - bisher mit umstrittenen Mitteln - Gefahren zu bannen, die aus dem Koran und dem daraus abgeleiteten „Krieg" gegen Ungläubige entstehen. Der „verrückte" Trump will Amerika schützen vor Unsinn und Terror des verrückten islamistischen Islam.

Er sieht wohl auch keinen tieferen Sinn darin, Putin als Todfeind zu betrachten.

Es ist also verblüffend, wie viel „Vernunft" in einem „Verrückten" entdeckt werden kann, - oder ist er die personifizierte List der Vernunft?

Trump und die „Neue Unübersichtlichkeit"

29.01.2017

Wer hätte das gedacht? Trump bringt mit der rücksichtslosen Verfolgung seiner Ziele die Verhältnisse zum Tanzen.
Jacques Schuster von der WamS (29.01.2017) wagt es, einen Essay zu überschreiben mit der Frage: „Germany first - ja warum denn nicht?". Im Text selber werden bekannte Meinungsmacher mit vernünftigen Ideen zitiert - bis auf die wunderbare Einsicht: „Nur die Deutschen glauben, es gäbe Völkerfreundschaft".
Habermas hat schon vor Jahrzehnten bedauernd eine „Neue Unübersichtlichkeit" festgestellt. Nun ist sie mit Trump wieder da!
Man darf offenbar, ohne als AfD-Anhänger, Nazi, Rassist oder als Anti-Europäer diffamiert zu werden, wie Jaques Schuster völlig zu Recht bedauern, dass Deutschlands Politiker von eigenem „Interesse" nicht reden mögen (na ja, ein paar schmuddelige gibt es), sondern dieses einbetten in ein „europäisches Interesse".

Aber schon 1994 habe Hermann Lübbe die prophetische Frage gestellt, ob ein „mögliches Ende der europäischen Bundesstaatsidee als Scheitern oder als Abschied von einem Irrweg gewertet werden würde".

Bezüglich deutschen übertriebenen Altruismus habe Hans-Peter Schwarz 1980 den Slogan geprägt: „Von der Machtbesessenheit zur Machtvergessenheit", und Herfried Münkler habe gewarnt: „Wir werden uns abgewöhnen müssen, von allen und jedem geliebt zu werden".

(Nebenbei: Genau diese Einstellung hat auch Lehrer das gesunde Selbstbewusstsein gekostet und sie in der Meinung von ehemaligen Schülern zu lächerlichen Figuren gemacht)

Am Ende seines Essays zitiert Schuster die gesicherte Erkenntnis der Ethik, dass übersteigerter „rücksichtsloser" Egoismus den eigenen Interessen eher schadet als partnerschaftliches Handeln in Europa und der Welt.

Trump

Focus vom 17.01.2017

Trump ist kein „politischer Hegel", der ein System entwirft. In seinem Kopf geht alles wirr durcheinander, was normalerweise einzelne Parteien oder Staaten wollen: Nato „Ja" oder „Nein", Steuern rauf oder runter, freie Marktwirtschaft oder Reglementierung und Abschottung usw.

Russland

Posener, Noch 45 Tage

WELT vom 10.08.2017

Christian Lindner hat mit seinem Oxymoron „dauerhaftes Provisorium" eine politische Debatte um die Beziehung zu Russland angeheizt. Seiner Meinung nach sollte man wohl das Krim- und Ostukraine-Problem wie ein Krebsgeschwür einkapseln, um dann einen „Wandel durch Annäherung" zu erreichen. Gleiches passierte auf Initiative von Bahr und Brandt mit dem verbrecherischen Regime der DDR – und wird jetzt gelobt.

Putin und die russische Propaganda

02.06.2017

Genau so wie es in Medien und Volk einen Antiamerikanismus gibt, gibt es auch einen Antirussismus, der sogar von Parteien gepflegt wird. Es sind aber nicht alles Lügen oder Unwerte, die aus dem Osten kommen, z.B. ist Putins „aggressive Sympathie" für einen Donbass mit großer Autonomie (etwa wie Südtirol) gegen den „Friedensengel" Poroschenko vernünftig.

Der Begriff „Propaganda" stammt aus dem Lateinischen und bedeutet neutral-wörtlich „was verbreitet und fortgepflanzt werden muss/soll".

In diesem Sinne betreiben auch demokratische Parteien „Propaganda", nämlich ihrer sozial akzeptierten Ziele. Sofern aber Russland ins Spiel kommt, wird daraus ausschließlich „Verbreitung böser Ziele oder Lügen".

Putin und Aleppo

24.12.2016

Putin bezeichnete auf seiner Jahrespressekonferenz die Einnahme, den Frieden und die Evakuierung von Aleppo als „größte humanitäre Aktion".

Für viele klingt das „zynisch". Nur - was ist, wenn er recht hat? Denn laut Presseberichten sind in den vergangenen Wochen mehr als 30.000 Menschen, - aufständische Kämpfer mit ihren Familien und vielleicht auch Sympathisanten aus der Stadt gebracht worden in Gebiete ihrer Wahl. Diese „Evakuierung" kann nur das Ergebnis von Kapitulationsverhandlungen gewesen sein, die Krieg und Tod beendeten. Insofern könnte man diese Aktion - unter Ausblendung des vorherigen Kriegsgeschehens - als „humanitär" bezeichnen. Auch die langen Schlangen von LKWs - eine logistische Leistung - waren nicht aggressiv, sondern hilfreich.

Soziale Gerechtigkeit

Soziale Gerechtigkeit

19.06.2017

„Soziale Gerechtigkeit" besteht nicht in „gleichen" Einkommens- bzw. Vermögensverhältnissen.

Schon Platon hat mit seiner Definition, dass soziale Gerechtigkeit erreicht sei, wenn „Jedem das Seine" zukommt, mindestens die Basis für soziale Gerechtigkeit geliefert. Die besteht darin, dass keinem Menschen durch das soziale Umfeld verwehrt werden darf, sein Potenzial voll auszuschöpfen.

Unter dieser „gerechten" Bedingung kann man reich werden oder arm bleiben.

Übrigens hat die UdSSR , inspiriert durch Karl Marx, den Grundsatz in die Verfassung aufgenommen: „Jeder nach seinen Fähigkeiten, jedem nach seiner Leistung". Wenn dieses Prinzip erweitert wird durch existenzielle Hilfe für Kinder, Kranke und Behinderte, dann dürfte „soziale Gerechtigkeit" besser verwirklicht sein als durch Schaffung „gleicher" Einkommens- und Vermögensverhältnisse.

Platon und Marx gingen davon aus, dass es ein allwissendes Gremium gibt, welches jedem Individuum nach Maßgabe des Gremiums zuteilt. Neben dieser „Verteilungsgerechtigkeit gibt es als Gegenentwurf die „Marktgerechtigkeit, in der jeder das bekommt, was die Gesellschaft ihm zubilligt.

Wenn man über soziale Gerechtigkeit diskutiert, sollte man auch die geniale Theorie von John Rawls kennen.

Syrien

Peter Huth, Baschar al-Assad

WamS vom 25.06.2017

Peter Huth meint, es stehe fest, dass Baschar al-Assad einer der „brutalsten Diktatoren der Welt" sei, „der mit unfassbarer Härte gegen Opposition und Bevölkerung vorgeht.

Wenn dem so ist, dann müsste die Opposition an die Regierung mit der Bevölkerung, die Assad bekämpft. Das aber wäre gar nicht lustig, und Huth wäre gezwungen, ehrlicherweise zu bekennen: „Mea culpa, mea maxima culpa". Allerdings wäre das unwahrscheinlich. Denn auch die Gaddafi-Gegner hüllen sich angesichts des failed-state Libyen in Schweigen.

Syrien

Monty Python hatte Recht in seinem Film „**Das Leben des Brian**": Mentalitäten nahöstlicher Herrschaftsansprüche werden darin durch den Kakao gezogen.

Auch gegenwärtig gibt es in Syrien neben Hunderten von kriegerischen Grüppchen die „Syrischen Demokratischen Kräfte" und die „Freie Syrische Armee", nach westlicher Interpretation gelenkt von klugen Politikern, die nur „Frieden" im Kopfe haben.

Giftgasangriff auf Chan Scheichun

13.04.2017

Auf die nachfolgenden Fragen und Einwände habe ich bisher keine plausiblen Antworten von neutralen Experten bekommen. Ich bin wahrlich ein wenig verzweifelt, weil ich nicht auf einen „Schlächter" und auf parteiische oder uninformierte Kommentatoren reinfallen will.

Warum zum Donnerwetter wissen fast alle genau, dass Assad Giftgas eingesetzt hat? Beide Konfliktparteien haben in diesem Krieg bereits Giftgas eingesetzt.

> Überall ist zu hören oder zu lesen, dass es ein „mutmaßlicher" Giftgasangriff von Assad war. Schießen die USA erst und fragen dann?

> Der US-Außenminister Tillerson meinte zum Giftgasangriff: „Entweder ist Russland mitschuldig oder war schlicht inkompetent", ... „oder sagt die Wahrheit" (Cevenole).

> Wird hier Weltgeschichte als Komödie gespielt: „Großvaters Leid über Syrien"?

> Inhalt: Trump, selber Großvater und von Mitleid mit den toten „wunderschönen Babys" und den Kindern überwältigt, lässt 59 Tomahawks als „Vergeltung" in die Wüste feuern, ohne genau zu wissen, wer die Schuldigen für den Giftgasangriff in Chan Scheichun waren.

Warum zum Donnerwetter könnten nicht doch Terroristen ein Depot mit Giftgas angelegt haben, welches von Assads Luftwaffe zerstört wurde?
Die Terroristen haben eine viel stärkere Motivation, Giftgas einzusetzen, um die Weltöffentlichkeit gegen Assad zu mobilisieren.

> Kann es besonders schwer sein, ein zerstörtes Depot zu finden, - durch Luftaufnahmen oder Rechercheure am Boden?

Warum zum Donnerwetter wird keine unabhängige Kommission gebildet, die das angeblich zerstörte Giftgasdepot sucht?

> Sucht das Depot! Terroristen verstecken sich in Wohngebieten und in Krankenhäusern.

Warum zum Donnerwetter soll Assad gehen? Man müsste doch dann wenigstens auch erklären, wer in Syrien Macht ausüben soll. Ein zweites Libyen wäre katastrophal.

> Ohne Hilfe Putins und des Iran wäre Assad nicht mehr in der Lage gewesen, Krieg zu führen. Richtig! Aber welche Gruppen hätten dann gesiegt?

> Welche Entscheidungen westlicher Politiker sorgen dafür, dass Syrien nicht zum zweiten Libyen wird?

> Beklatschte Rhetoriker gegen den Schah, Gaddafi, Mubarak und auch gegen Assad haben failed states und schlimmere Diktaturen herbeigeredet, doch keine Vorschläge zur Hilfe unterbreitet.

Warum zum Donnerwetter wird immer wieder vom „syrischen Volk" gesprochen, gegen das sich Assad versündigt? Wer sind seine Gegner? Gibt es darunter auch wahre Demokraten?

> Welches „Volk" ist gegen Assad? Er hat nicht 400.000 Syrer „abgeschlachtet". Sie sind getötet worden im Kampf, den man fälschlicherweise als „Bürgerkrieg" bezeichnet. Denn dort kämpfen zig Tausende von ausländischen Dschihadisten gegen Assads Armee.

Schlussfolgerung oder Verschwörungstheorie?:

Gibt es historische Wahrheit nur bei Geheimdiensten?

Alfred Hackensberger, Schlamm stoppt Offensive

WamS vom 19.03.2017

Hackensbergers Artikel über Mossul berichtet erfreulich sachlich mit einer informativen großen Karte über die Kämpfe um Mossul. Es drängt sich mir allerdings ein Vergleich auf: West-Mossul unter Herrschaft des grausamen IS wird von Irakern und Amerikanern angegriffen. Viele Bewohner, die offenbar nicht mit dem IS sympathisieren, fliehen. Sie werden durch Beschuss an der Flucht gehindert.

War es in Ost-Aleppo, beherrscht von medial „Unbekannten", aber doch wohl auch von Dschihadisten und vom IS, anders, weil diese Stadt von Assads und Putins Truppen erobert oder „befreit" wurde? Waren von diesen Angriffen nur demokratische „gemäßigte" Rebellen betroffen, mit denen alle Bewohner sympathisierten?

Mossul und Aleppo

06.03.2017

Über Mossul gibt es ehrliche Berichte und das dortige Wüten des IS (Zitate aus Junge Freiheit 10/17)

Schon im Juli 2014 hatte das Kalifat die berühmte Jona-Moschee in Mossul gesprengt. „Denn Heiligenverehrung wurde vom IS ebenso unter Androhung der Todesstrafe verboten wie ganz profane, alltägliche Handlungen: der Genuss von Tabak und Kaffee, das Fußballspielen, der Empfang von Radio und Fernsehen, selbst Singen und das Spielen von Musik".

Der IS ließ traumatisierte Kinder zurück, die „mit Kursen in Kunst und Religion entradikalisiert und auf die Wiedereingliederung ins zivile Leben vorbereitet werden".

Die Dschihadisten „zünden wahllos Häuser an", sowohl um verbrannte Erde zu hinterlassen, als auch um durch die rußigen Schwaden den US-Kampfflugzeugen die Sicht auf Ziele am Boden zu verdecken.

Das ist die Diagnose über das Wirken des IS und verwandter islamischer Terrorgruppen. Da anzunehmen ist, dass Geist und Taten des IS in verschiedenen Regionen identisch sind, kann man auch auf gleichen Wahn in Ost-Aleppo schließen.

Insofern sollte man verstehen, dass Assad neben anderen Zielen die Bürger aus diesem Albtraum befreien wollte.

Das erste Opfer des Krieges ist die Wahrheit

06.03.2017

Von Hiram Johnson, einem US-amerikanischen Politiker aus der 1. Hälfte des 20. Jahrhunderts, stammt die Erkenntnis, dass das „erste Opfer des Krieges die Wahrheit" sei. In der Tat sind Krieg und Wahrheit inkompatibel. Allerdings stirbt bereits lange Zeit vor dem Krieg die Wahrheit. das gilt gewiss für Videos und Kommentare zum Krieg in den Städten Ost-Aleppo und West-Mossul.

In der Berichterstattung über beide Städte gibt es einen gravierenden Unterschied. Ost-Aleppo wurde von der syrischen Armee mit Unterstützung der Russen angegriffen. Bildmaterial und Berichte waren zahlreich. Ruinenfelder und staubbedeckte blutige Opfer zeigten das ganze Grauen des Krieges. Interessegeleitet gilt Assad als „Schlächter seines eigenen Volkes".

Sunnitische Mächte wollen ihn und seine Partei beseitigen. Auch Tausende von ausländischen Terroristen beteiligen sich auf deren Seite.

Dagegen wird über die Kämpfe in West-Mossul, - einer Stadt, die die irakische Armee mit Unterstützung der USA beschießt -, im Wesentlichen nur in Randnotizen berichtet, obwohl auch von dort bereits 45.000 Menschen geflohen sein sollen und die Kämpfe in der verwinkelten Altstadt viele Opfer kosten werden.

Ganz sicher ist aber, dass beide Stadthälften von Mächten verteidigt wurden/werden (dem IS, al-Quaida und anderen Dschihadisten), die nach einem Sieg gewiss keine liberale Demokratie, sondern einen finsteren islamischen Staat errichten wollen.

Solange man nur einem einzigen Video vertraut, wird das erste Opfer die Wahrheit sein.

Zitate: Die andere Meinung zu Syrien(1)

02.03.2017

Di Mistura, UNO-Gesandter für Syrien, musste die Wahrheit bekennen: Die terroristischen Selbstmörder von Homs wollten Friedensprozess stören. Assads Armee konnte man beim schlechtesten Willen diesen Terroranschlag nicht zurechnen. Gibt es Hinweise, dass auch Assads Soldaten den Friedensprozess stören wollen?

Im Syrienkrieg vermisse ich eine neutrale Analyse über Angriff und Verteidigung, Aktion und Reaktion. Wer hatte z.B. Interesse daran, Palmyra und die Umayyadenmoschee in Aleppo zu zerstören?

Ist es wahr oder Legende, dass Proteste in Syrien friedlich mit Jugendlichen begann? Woher hatten dann Aufständische ganz schnell schwere Waffen und töteten Soldaten der syrischen Armee?

Gibt es eine plausible Beschreibung der Konsequenzen eines Regimewechsels in Syrien? Bisher nur blindblöde Forderung nach Absetzung Assads.

Bis auf Weiteres glaube ich, dass Putin einen gefährlichen und fatalen Regimechange in Syrien (mit Chaos wie in Libyen) verhindert hat.

Zwei Fragen eines Skeptikers:

1.Frage:

Gibt es Bilder von Soldaten der syrischen Armee oder der Russen, die mit aufgespießten Köpfen ihrer Feinde gezeigt werden, Berichte über massenhafte Vergewaltigungen, kann man ihnen Völkermord vorwerfen oder Verschleppung von Frauen als Sexsklavinnen?

2.Frage:

Sollte Assad solchen Unmenschen Teile Syriens überlassen, wofür westliche Politiker offenbar immer noch plädieren?

Zwischen Dresden und Aleppo ist keine gedankliche Brücke möglich. Dresden - anders als Aleppo - durfte als "unverteidigte Stadt" gemäß Haager Landkriegsordnung im "Moral Bombing" nicht angegriffen werden.

Ich bitte um Aufklärung, wie oft "Amnesty" erwiesenermaßen falsch berichtete, wer die "White Helmets" sind und wer die "Syrische Beobachtungstelle für Menschenrechte ist.

Putin versucht in Syrien Frieden zu schaffen. Das kann doch nur ein Fake oder eine versteckte Gemeinheit sein!

In Syrien sollte man kampflos die Macht dem IS, al Nusra und Ahrar al Scham überlassen. Das wären dann Kandidaten für Friedenspreis der Journalisten, die über Syrien berichten.

Assads Regierung heißt jetzt in einigen Berichten nicht mehr "Regime", sondern "Regierung.

Zivile Tote sind Kriegsverbrechen, wenn Russen beteiligt sind, oder es gibt sie nicht, wenn die USA Allianzen führen.

Mit welchen militärischen Methoden haben irakische Regierungstruppen fast die Hälfte von Ost-Mossul erobert?

Im Netz gibt es eine Fülle von Kommentaren unterschiedlicher Objektivität und Gegensätzen. Allein in Deutschland gibt es nur den "Schlächter" Assad.

Darf man es "Bürgerkrieg" in Syrien nennen, wenn Tausende von ausländischen Dschihadisten beteiligt sind? (02.03.2017)

Syrien und Assad

12.02.2017

Zwei Fragen eines Skeptikers:

1.Frage:

Gibt es Bilder von Soldaten der syrischen Armee oder der Russen, die mit aufgespießten Köpfen ihrer Feinde gezeigt werden, Berichte über massenhafte Vergewaltigungen, kann man ihnen Völkermord vorwerfen oder Verschleppung von Frauen als Sexsklavinnen?

2.Frage:

Sollte Assad solchen Unmenschen Teile Syriens überlassen, wofür westliche Politiker offenbar immer noch plädieren?

„Moral Bombing"

12.02.2017

Ich plädiere für eine hochkarätig besetzte Historikerkommission, die „unmenschliche" politische Aussagen an den Pranger stellt. Eine solche mitleidslose und blinde Aussage hat Dirk Hilbert, Oberbürgermeister von Dresden, verbrochen: „Dresden war alles andere als eine unschuldige Stadt".
Auch die Verantwortlichen, die beim diesjährigen Gedenken eine Brücke von Dresden zu Aleppo schlagen wollten, müssten für die Zukunft wegen Inkompetenz von Gedenkveranstaltungen ausgeschlossen werden.
Es gab kein „Ost-Dresden"! Es gab aber ein Ost-Aleppo, das von Terrormilizen beherrscht wurde.
Die Funktion der Busse in Ost-Aleppo und die Frage, wer diese Busse mit welchem Ziel dort aufgestellt hatte, ist umstritten. Wahrscheinlich sollten sie, die sich jetzt als verirrtes Mahnmal gegenüber der Frauenkirche befinden, als Schutzwand für Dschihadisten und Terroristen gegen Beschuss der syrischen Armee dienen, denn „Schutz der Zivilisten" war kein vorrangiges Ziel der kämpfenden Gruppen. Sie wurden sogar an anderen Stellen als lebender Schutzwall missbraucht.
Zwischen Dresden und Ost-Aleppo kann es keine Brücke geben. In Dresden sollte der Widerstandswille der deutschen Zivilbevölkerung im „Moral Bombing" gebrochen werden, und zwar gegen die Vorgaben der Haager Landkriegsordnung. Sie untersagte „unverteidigte Städte ... anzugreifen". Ost-Aleppo war keine „unverteidigte Stadt", sondern in der Macht von brutalen Terrormilizen.

Assad und die „Rebellen"

03.01.2017

Nach Lektüre von Tausenden auch kontroversen Seiten und nach anderen Medienberichten hat sich bei mir jetzt folgende Meinung zu Syrien stabilisiert:
Es ist oder war von verschiedenen Seiten, auch von den USA, ein „Regime change" gewollt. Assad sollte beseitigt werden.
Ihm gegenüber stehen Hunderte von gegnerischen Kleinst- und Großgruppen, die auch untereinander teilweise verfeindet sind. Es sind religiöse Fanatiker, besonders die Moslembrüder, und Söldner, die vor allem von Katar und Saudi-Arabien bezahlt werden. Selbstlose Kämpfer für Demokratie und entsprechende Werte waren von Anfang an nicht vorhanden.

Objektive Berichte aus diesem Wespennest von unterschiedlichen Ideologien und Interessen sind kaum möglich.
Daher: Ich könnte mich irren.

Wird Ost-Aleppo menschenleer?

23.12.2016

Vorweg: Ich könnte mich wegen widersprüchlicher Informationen auch irren. Insofern kann nachfolgender Text auch nur ein böses Märchen sein.

Es ist sicher, dass einige sunnitische zivile Clans den IS als sunnitische Terrororganisation unterstütz(t)en. Bei der Bekämpfung des IS konnte es also geschehen, dass auch sympathisierende Zivilisten getötet wurden.

Mit dieser Tatsachen im Gedächtnis stellt sich mir die Frage, ob es in Ost-Aleppo **nur** Kämpfer und sympathisierende, offenbar wohl sunnitische Zivilisten gegeben hat.
Es wurden neblige Mitteilungen gemacht, dass Menschen aus Ost-Aleppo „fliehen". - Ja, vor wem, und wer waren die Flüchtlinge? Auch wurden Kämpfer und Zivilisten „evakuiert" nach Idlib ins Rebellengebiet. Da muss es Verhandlungen gegeben haben zur Kapitulation. Ist Ost-Aleppo nach Flucht und Evakuierung menschenleer? Die Information, dass die Rebellen - wie an anderen Orten - auch Zivilisten als Schutzschilde missbrauchten und sich aus Wohngebieten heraus mit schweren Waffen verteidigten, lässt darauf schließen, dass nicht alle Zivilisten Sympathisanten der Terroristen und Rebellen waren.

Zurück zur Bekämpfung des IS - zynisch formuliert - mit „Kollateralschäden" unter der Zivilbevölkerung.
Russen und Assads Armee haben in der Überzeugung, dass Ost- Aleppo verteidigt werde von aggressiven Rebellen und Terroristen, ohne jegliche Rücksicht auf unbewaffnete Sympathisanten - wie auch die Alliierten in Nazi-Deutschland - nun ihr todbringendes Werk brutal, aber in ihrem Sinne „logisch" vollendet.

Postfaktisches über Aleppo

19.12.2016

Horrende Widersprüche regnen auf gutwillig interessierte und entsetzte Leser herab. Es ist zum Verzweifeln!

- „Weinend fielen sich Flüchtlinge in die Arme, als sie das von Rebellen kontrollierte Gebiet im Westen Aleppos erreichten. Sie sind der drohenden Rache des Regimes entgangen". In Ost- Aleppo befänden sich noch 10.000, 50.000, 100.000 Menschen, die vor den „Schlächtern" fliehen wollten. Sind

das Zivilisten, Aktivisten, Oppositionelle, Rebellen, von denen ein Teil durch die USA militärisch unterstützt wird, oder Terroristen?
- Die Russen beteuern, dass sie Rache nicht zulassen werden.
- Die „Flüchtlinge" werden in die Provinz Idlib „evakuiert"(sic), der letzten Rebellenhochburg in Syrien. Auch Alte und Verwundete würden dahin „evakuiert". Dort gäbe es ein Militärbündnis von überwiegend radikalislamistischen Gruppen, unter anderen die Fateh al-Sham, ehemals al-Nusra oder al-Qaida. Welch sympathischen freiheitlichen Demokraten!
- Dass in Aleppo auch ein Religionskrieg stattfindet, wird selten erwähnt.

Sarah Wagenknecht wird mir immer sympathischer, gerade auch durch folgende Erkenntnis:
In Syrien müsse es „auf jeden Fall weiterhin eine säkulare Regierung geben. Ein religiöses Regime würde das Land durch Dauerkonflikte zerstören".

Ein gerechter Krieg (bellum iustum)?

18.12.2016

Ich würde sehr gern gegen den „Schlächter" Assad auf die Straße gehen, wenn ich wüsste, dass er mit Protest beseitigt werden könnte, und vor allem: wer seine Gegner sind und welches Regime nach ihm kommen würde, denn „Das Nein zu einem Unrecht gebiert nicht automatisch Recht". Meine Empörung gegen den IS und seiner ungeistigen Brüder ist übrigens größer als der gegen Assad.
Wenn ich im Krieg keine Toten ertragen kann, dann müsste ich gegen jeden Krieg, auch gegen einen „gerechten" wie den gegen Nazi-Deutschland, als Pazifist protestieren. Dann müsste ich Absurditäten von mir geben wie „Warum für Danzig sterben?". „Lieber rot als tot" oder „Lieber eine unbarmherzige Theokratie als einen säkularen Staat".
Ich fürchte aber, dass solche Parolen dazu geeignet sind, die Hölle auf Erden zu schaffen.

Auch Wahrheit und Logik werden in Aleppo zerschossen

09.12.2016

Bei Berichten über Kämpfe in Aleppo fehlt mir die Logik:
- Der Westen fordert Verhandlungen mit islamistischen Milizen in Ostaleppo, die er in Mossul kritiklos bekämpft. Auch dort wird nicht verhandelt.
- Sergej Lawrow sei ein Kriegsverbrecher, der einen Vernichtungskrieg gegen die Zivilbevölkerung mit verantworte. Aber sogar in der ARD wird berichtet und in Videos dargestellt, dass die Zivilisten, die aus Ost-Aleppo fliehen konnten, glücklich sind, unter dem Schutz von russischen und von Assads Truppen zu sein. Wenn das Propaganda ist, dann wurde eine Masse guter Schauspieler verpflichtet.

- Nur noch 20% von Ost-Aleppo wird von den Islamisten und Terroristen gehalten. Aber es wird berichtet, dass „Hunderttausende Menschen, darunter unzählige Kinder", dort ausharren. Und nicht nur das! Viele Menschen fliehen vor Russen und Syrischer Armee. Ja wohin denn? Auch noch in diese 20% Ost-Aleppos? Wenn das wahr wäre, dann müssten sich dort Menschenmassen drängen.
- Die Syrische Beobachtungsstelle für Menschenrechte in London, die nur aus einer einzigen Person bestehen und den Rebellen nahestehen soll, berichtet vom Chemiewaffeneinsatz der syrischen Armee und von Scharfschützen des Regimes, die jungen Frauen in den Kopf schießen. Von Chemiewaffeneinsätzen der Rebellen wird aber von anderen seriösen Quellen ebenfalls berichtet.
- Die Frage von Assad, ob denn die Zivilisten in Ost-Aleppo, die -wie die ARD berichtet- an der Flucht gehindert werden und als Schutzschilde dienen, dem Machtbereich von Terroristen überlassen bleiben sollen, hat bisher noch kein westlicher Politiker beantwortet.
- Die Interessen von Assad, Russland und dem Iran werden ausführlich analysiert. Aber gibt es nicht auch Interessen der USA und von Saudi-Arabien?

PS In der Vergangenheit war Aleppo eine blühende Stadt und bekannt für die friedliche Koexistenz von Religionen. Wer hat begonnen, Teile von Aleppo in eine Hölle zu verwandeln?

Sykes-Picot in die Tonne

01.12.2016

Gedankenexperiment: Der aktuelle Flickenteppich der Macht in Syrien wird eingefroren. Es gibt keine Bomben und keine Toten mehr, die in Kriegshandlungen umkommen. Assads Alawiten, Kurden, islamische Theokraten und Terroristen leben nebeneinander.

Das wäre das idiotischste Gebilde der Weltgeschichte

Also: Ohne Gewalt wird in Syrien nichts zu erreichen sein. Die Weltgemeinschaft ist aber zerstritten in der Frage, wer „gute" und wer „böse" befriedende Gewalt ausübt, und welche Gruppe(n) eine vernünftige Regierung bilden könnte(n).

Politische Philosophie

Populisten

(v) WELT vom 26.07.2017

Nach der Definition der Bertelsmann-Stiftung sind alle Wähler und Politiker, die einfache Lösungen bevorzugen, „Populisten". In der Wissenschaft würden sie gelobt werden. Denn dort gilt der Grundsatz, dass eine Theorie möglichst einfach sein muss.

Auch in der Politik ist es gar nicht sicher, dass komplexe Vorschläge bessere Lösungen bringen.

Das undifferenzierte Schimpfwort „Populist" wird gebraucht, um politische Gegner zu diffamieren. Viele politische Akte, die gegenwärtig gültig sind, waren vor einem Jahr „populistisch".

Ein „wahrer" Populist ist ein Heuchler, der dem Volke zum Munde redet, um Stimmen zu fangen – ohne eigene Überzeugung, wie gegenwärtig Martin Schulz. Viele andere Politiker sind gar keine" Populisten", sondern sie haben eine andere abgelehnte Meinung, die mit der Person vernichtet werden soll.

Entweder Max Weber kennen …

23.07.2017

Es ist fast schon tragisch, dass unsere „Eliten" Max Weber und seine phantastischen gesellschaftlichen Analysebegriffe nicht kennen oder die Folgen verdrängen. Besonders ärgerlich ist auch, dass die deutschen etablierten Parteien den Islam wie ein Krokodil „füttern" in der Hoffnung, nicht gefressen zu werden.
Die Hoffnung ist aber trügerisch. Im besten Falle nämlich werden sie als letzte vertilgt.

Auf Weber geht die bekannte wichtige politische Unterscheidung von Gesinnungsethik und Verantwortungs-Ethik zurück.

Ein Gesinnungs-Ethiker folgt rigoros seiner individuellen Moral, die er mehr oder weniger ins Allgemeine überhöht. Er kümmert sich nicht um die Folgen seiner Handlungen. Merkel mit ihrer Flüchtlingspolitik ist ein gutes Beispiel für diese Gesinnung.

Ein Verantwortungsethiker wägt ab und trifft dann nach utilitaristischer Basisethik seine Entscheidungen.

Auch „autokephal" (besser bekannt als „autonom"= „sich selber das Gesetz geben") und „heterokephal" sind Begriffe, mit denen sich besonders deutlich gegenwärtige Probleme beschreiben lassen.

Im Staat gibt es „autokephale"-positive Gruppen wie Gewerkschaften, Sportvereine, ja auch politische Parteien, Gruppen, die sich ihr Führungspersonal und Inhalte selber wählen. Aber sie alle werden durch einen „heterokephalen" Staat durch einzuhaltende Vorgaben wie demokratische Wahlmodi, Transparenz, Gesetzesbeachtung beeinflusst.

Links- und Rechtsradikale sowie orientalische Clans und andere Parallelgesellschaften sind aber negativ-„autokephal" **ohne** staatliche Aufsicht. Sie geben sich ihre Gesetze selber oder wollen bestehende anwenden.

Kein Staat darf zuschauen, dass sich diese Situation ausweitet, denn die schlimmste Folge wäre ein Bürgerkrieg.

Demokratie und Weltanschauung

19.07.2017

Es ist sicher: Kein Mensch wählt bewusst Unglück oder Sinnlosigkeit. Kein Politiker wählt bewusst die falsche Politik.

Ach, wir Armen! Wir haben die Wahl.

Es ist auch sicher, dass es keine logisch zweifelsfreie Begründung für die Überlegenheit linker oder rechter Weltanschauung gibt. Auf Empirie können beide nicht verweisen. Unglück gab´s von links und rechts.

Da dem so ist, bleibt aber die Begründung **für** Demokratie und Diskussion logisch **zweifelsfrei**.

Der Konservatismus kommt zu kurz

10.07.2017

Der konservative britische Philosoph Roger Scruton hat einige kreative apologetische Gedanken zum Konservatismus gegen den linksliberalen Zeitgeist vorgetragen, die ich ein wenig erweitert habe (*kursiv gedruckt*).

Die Einstellung des Konservatismus sei wahr, aber langweilig, die der Gegner dagegen aufregend, jedoch *unter dem Gesichtspunkt der Nachhaltigkeit* falsch.

Daher wirkt das „Neue" auch besonders anregend für junge Menschen und für ungebildete „Eliten". Die Erweiterung des Konservatismus durch neue „nachhaltige" Ideen bleibt bedeutenden Personen der Weltgeschichte vorbehalten und klugen Parlamenten.

Der Konservatismus gründe auf der Erkenntnis , dass kollektive Güter - Frieden, Freiheit, Rechtsstaatlichkeit, Gemeinsinn, aber auch die Sicherheit des Eigentums und das Familienleben - leicht zerstört, nicht jedoch leicht erschaffen werden könnten. Die Regeln dieser Traditionen seien über Jahrhunderte in langen Prozessen entwickelt worden.

*Und vielen Menschen sind diese Werte und das „Lampenlicht des Privaten" wichtiger als „die große Sonne"(**Ludwig** Marcuse) oder als ökonomische und geopolitische Argumente oder als der gelobte Multikulturalismus und als die übergreifende Identität eines Europäers oder gar eines Weltbürgers.*

Anhang
Dies ist eine unvollständige Zusammenstellung von Begriffen, in denen „rechts" nicht diffamiert werden kann. Sie soll ein mehr oder weniger witziges Gegengewicht gegen die Hofierung der Linken und deren Folgen sein, die man in Hamburg entsetzt sehen konnte.

„Rechts"-anwalt
„Rechts"-außen beim HSV
„rechts"-politischer Sprecher
„Rechts"-sicherheit

„Rechts"-staat
„Rechts"-fahrgebot
„Rechts"-rahmen
„Rechts"-fähigkeit

Konrad Adam, Der Parteiräson gedient

(v) Junge Freiheit vom 22.06.2017

Wie drohendes Wetterleuchten schwebt Platons „Philosophen-Königssatz" (kurz gefasst: Allwissende müssen Regierende werden oder Regierende Allwissende, wenn die Welt gerettet werden soll) seit Jahrhunderten über den Aktionen der Herrschenden.

Robespierre wollte „alles für das Volk" planen und erreichen, aber „nichts durch das Volk".

Lenins Ziel war die Diktatur des Proletariats. Bis zur Erreichung dieses Zieles glaubte er, mit einer wissenden Elite das Glück des Proletariats durchzusetzen.

Konrad Adam (in: Junge Freiheit 26/17 vom 23.6.) zitiert Bernd Guggenberger, der in der Tradition von Jürgen Habermas für die wenigen Elitären eine „tiefere Einsicht, eine größere Sensibilität, den besseren Sachverstand, die höhere Verantwortung" reklamierte gegen die „bequeme Gedankenlosigkeit der vielen".

Immer aber – auch jetzt – sehen die Mitglieder der elitären Diskursgemeinschaft diejenigen, die andere Vorstellungen von Wahrheit und Wahrhaftigkeit haben, als Feinde an, die mit allen Mitteln zum Schweigen oder sogar liquidiert werden müssen.

Humboldt /Welt vom 22.6

WamS vom 24.06.2017

Sehr geehrter Herr Posener,

die Humboldtsche „Menschwerdung" hätte schon Xanthippe nicht verstanden. Sie war verärgert darüber, dass sich Sokrates die Freiheit nahm, auf dem Markt mit seiner Maieutik nach der Wahrheit zu forschen, während sie dort Fisch kaufte, um die Familie zu ernähren. „Tischler" und „Gelehrter" sind nicht austauschbar. Ultra posse nemo obligatur.

Wie misst man den Erfolg von Politikern?

(v) Focus 27/2017

Wie misst man den Erfolg von Politikern? Sie können dann freudvoll auf ihr Lebenswerk blicken, wenn sie auch noch nach 50 Jahren feststellen, dass sie „nachhaltig" waren. Helmut Kohl gehört dazu.

Dirk Schümer, Entpolitisiert euch!

Welt vom 23.05.2017

Platons Vision, dass allein „Philosophenkönige" die Welt von allem Unglück befreien können, birgt natürlich die Gefahr, die auch schon Karl-Raimund Popper nachgewiesen hat, dass eine „Wahrheitselite" die „Untertanen" in einer Diktatur versklavt. Auch Dirk Schümer sieht in seinem Beitrag („Polemik") diese Gefahr.

Andererseits möchte ich auch nicht von ungebildeten Lobbyisten regiert werden, die nicht „das Wohl des Ganzen" zum Ziel haben.

So gebildet wie Dirk Schümer sollten die Regierenden schon sein.

Wahlen

14.05.2017

Wenn Politik ohne Sprache geschähe, dann würde sie dem Sozialverhalten von Schimpansen ähneln. Gestik und Mimik (Drohgebärden, Unterwerfung, Täuschung usw.) sind wichtiger als Inhalte. Und wenn Sprache dann doch einen gewissen Rang hat, dann klingt sie wie die Kritik nach Bundesligaspielen

M. Kamann, An Rhein und Ruhr...,

WELT vom 12.05.2017

Kamann zitiert in seinem Beitrag einige Meinungsumfragen zur NRW-Wahl. Ein aufschlussreicher Satz über die Meinung der Menge lautet: „Und nachdem vor wenigen Monaten noch dank Schulz eine Mehrheit die SPD an der Spitze der nächsten Bundesregierung sehen wollte, wünschen sich nun 47 Prozent die Union und nur 36 Prozent die SPD als Kanzler(innen)-Partei".

Damit wird wieder einmal Platons Wahrheit aus dem Dialog „Kriton" bestätigt:

Wäre die Menge doch imstande, „das größte Übel zu bewirken, damit sie auch das größte Gut bewirken könnte Es steht nicht in ihrer Macht, vernünftig noch unvernünftig zu machen – was sie tut, ist Zufall".

Wie viel Gleichheit müssen und wie viel Ungleichheit können wir uns leisten?

02.04.2017

Auf die drängende Frage, wie viel Gleichheit müssen und wie viel Ungleichheit können wir uns leisten, haben zwei bedeutende Philosophen eine Antwort gegeben: Immanuel Kant und John Rawls - nicht Martin Schulz.

Kant meint, dass Menschen ohne Konkurrenz, ohne wetteifernde Eitelkeit, ohne Begierde zum Haben oder auch zum Herrschen so gutartig wie die Schafe seien ohne bedeutenden Wert für ihr Dasein.

Wenn also durch eine staatliche zu hohe Alimentierung den relativ Armen die Verantwortung für ihren Lebensunterhalt ganz genommen wird, dann könnte der Schaden größer sein, als sich der gute Wille vorstellen kann. Oskar Lafontaine und gutartige Linke wäre Schäfer in einem antiken Schafstall.

Und Rawls, einer der bekanntesten Gerechtigkeitsphilosophen der Moderne, sieht die soziale Gerechtigkeit nicht verletzt, wenn bei unabänderlicher Ungleichheit „Oben" und „Unten" prozentual gleich vom Fortschritt profitieren.

Wenn allerdings Managergehälter in den letzten Jahren um ein Vielfaches im Vergleich zu Arbeitnehmern gestiegen sind, dann ist Rawls Prinzip verletzt.

Confessio (Bekenntnis)

WamS vom 25.03.2017

Bin ich krank?

Ich mag freundliche, friedliche Menschen aller Hautfarben und Rassen, die bewusst oder unbewusst der Meinung sind, dass unsere begrenzte

Zeit auf diesem Planeten Mitmenschlichkeit fordert. Ich mag aber keine heimatlosen Weltbürger, denen alles gleich-gültig ist, gleichsam „schwebende Individuen". Mir genügen ausländische Freunde. Ich liebe die EU als engen Staatenbund, aber nicht als zentralistischen Bundesstaat mit Brüssel als Hauptstadt.

Ich mag ehrliche Faschisten lieber als militante Antifaschisten und Linksradikale, die keineswegs die besseren Menschen sind.

Ich bin hetero- Ehe- und Familien-affin und nicht homophil, besonders dann nicht, wenn sie ihr „Anderssein" durch Christopher-Street-Days und Love-Parades „normalisieren" wollen.

Ich bin eher islamophob als islamophil, weil mich das fortwährende „Wühlen" des politischen Islam verärgert und der blutige Terror, der sich gemäß Koran auf diese Religion beruft, entsetzt.

Solange ausländische Atomkraftwerke unsicherer sind als deutsche, erschließt sich mir der Sinn der teuren, panikartig erzwungenen Energiewende mit Verschandelung der Landschaften durch Windspargel nicht.

Das Gerede um „soziale Gerechtigkeit" ist hohl, wenn es keine philosophische Basis hat.

Flüchtlinge und Migranten, die es nach Deutschland geschafft haben, innerhalb des Landes zu alimentieren mit der Begründung, dass Grenzen ohnehin nicht zu schützen seien, und dass nur diese Form der Hilfe „christlich" sei, ist politisches Blendwerk. Politik mit der Bergpredigt im Gemüt heilt die Welt nämlich nicht.

Und ich bin allergisch gegen ungebildete Kasperköpfe, aus denen bullshit quillt, und die Meinungsfreiheit einschränken wollen

Wen könnte ich wählen?

Schriftsteller zur „irren Realität"

(v) WamS vom 19.03.2017

Heinrich von Kleist soll auch deshalb Selbstmord begangen haben, weil er nicht ertragen wollte, was die Konsequenz aus Kants Philosophie war: Wenn wir alle genetisch bedingt durch grüne Brillen sehen müssten, wäre alles grün.

Und Shaw meinte, dass der Irre, der sich für ein Spiegelei halte, nur deshalb abgelehnt werde, weil er in der Minderheit sei. Es ist aber – aus der Menschheitsgeschichte begründet – nicht anzunehmen, dass „die Spiegeleier" jemals die normale Mehrheit werden. Ganz sicher nicht!

Sub specie humanitatis werden die Schriftsteller zum Glück die „Irren" bleiben.

Francis Bacons Idolenlehre: Grundlage zum Erkennen von Vorurteilen

17.03.2017

Bacons Idolenlehre ist eine systematische Zusammenstellung der Grundlagen für Vorurteile. Wer diese Lehre kennt, kann die Gefahr von Vorurteilen ein wenig bannen.

(Textquelle: Wikipedia)

Bacon definiert Idole als die „falschen Begriffe, welche vom menschlichen Verstand schon Besitz ergriffen haben und tief in ihm wurzeln". Sie halten den „Geist der Menschen" in Beschlag. Er unterscheidet vier charakteristische Idole, die wahre Erkenntnis behindern:

„Vier Arten von solchen Idolen halten den menschlichen Geist gefangen. Ich habe sie der besseren Darstellung wegen mit Namen versehen; die erste Art soll als Idol des Stammes bezeichnet werden; die zweite als Idol der Höhle; die dritte als Idol des Marktes; die vierte als Idol des Theaters"

Idola Tribus/ Idol des Stammes

Die Götzenbilder der Gattung oder Idole des Stammes haben bei ihm eine biologistische Erklärung. Die Fehlerquellen sind nach Bacon in der menschlichen Natur selbst, in der Herkunft des Menschen oder der menschlichen Gattung zu suchen. Vor allem sieht Bacon, dass falsche, urteilstrübende Vorurteile aus den Sinnesorganen der Menschen resultieren. Ihre Wahrnehmung geschieht immer im Rahmen der eingeschränkten, verzerrten Arbeit der menschlichen Sinnesorgane. Diese zeigen die Natur jedoch nicht wie sie ist, sondern den menschlichen Wahrnehmungsformen entsprechend. Diese Art Irrtümer stammen aus der allen Menschen gemeinsamen Natur. Denn wir nehmen nicht die Welt direkt so wahr, wie sie ist, sondern wie unsere menschlichen Wahrnehmungsorgane sie erfassen. Der menschliche Verstand ist wie ein Krummspiegel, der Gegenstände nur auf verzerrte Weise widerspiegelt.

Idola Specus/ Idol der Höhle

Die Götzenbilder der Höhle beruhen auf individuell zu erklärenden Makeln, wie der Erziehung, der Stimmung, dem fehlleitenden Umgang mit anderen Menschen sowie Büchern und sonstigen immateriellen Werten.

Jeder Mensch hat seine ihm eigentümliche, von falschen Vorstellungen mehr oder weniger stark beeinflusste Auffassungsweise. Jeder sitzt in seiner eigenen, von seinen individuellen Vorurteilen und Irrtümern geprägten „Höhle", in die das Außenlicht nur getrübt und verdunkelt eindringt, wie Bacon an Platons Höhlengleichnis anknüpfend feststellt.

Idola Fori/ Idol des Marktes

Die Götzenbilder des Verkehrs oder Idole des Marktes ergeben sich durch Kommunikations- und Sprachprobleme in den menschlichen Begegnungen und in der Gemeinschaft. Aufgrund von Wörtern werden Menschen „zu leeren und zahllosen Streitigkeiten und Erdichtungen" (BACON) verführt.

Diese Erkenntnisstörungen entstehen aus der zwischenmenschlichen Kommunikation heraus. Dinge müssen von den Sprechern benannt werden, jedoch führt das leicht zu Missverständnissen. So wird die Sprache selbst rasch von einem Verständigungsmittel zu einem Verständigungsproblem.

Idola Theatri/ Idol des Theaters

Die Götzenbilder des Schauplatzes oder Idole des Theaters ergeben sich durch philosophische Schulen, die in Bacons Worten auch „Sekten" genannt werden. Die *Idole des Theaters* führen als Dogmen dieser Schulen zu falschen Urteilen. Diese Vorurteile sind angestammt aus Tradition, Autorität und den Irrlehren der Vorzeit.

Unter dem Einfluss des Novum Organum, das Bacon als Handwerkzeug oder Instrument betrachtete, übernahm die Wissenschaft die Methode der genauen Beobachtung und des Experiments. Hier ist der Grundstein für den späteren Empirismus gelegt.

Francis Bacon (1561–1626)

Faszination der Führer

(v) WELT vom 15.03.2017

In einen Artikel, der die „Faszination der Führer" analysiert, würde sehr gut der Hinweis auf Platons „Philosophen-Königssatz" aus dessen Werk „Politeia" (Staat) passen, der sinngemäß lautet: Entweder müssen Politiker Philosophen werden oder umgekehrt, um die Welt zu retten.

Karl-Raimund Popper hat die Gefahr und die Faszination dieses Textes in seinem Werk „Die Offene Gesellschaft und ihre Feinde" entlarvt. Sie besteht darin, dass es ein menschliches Bedürfnis gibt, an Wunderheiler zu glauben, die aufgrund eines Geheimwissens der Demokratie überlegen sind, die auf Diskussion basiert.

Das Leben ist ein Jammertal

05.03.2017

Seit Jahrhunderten gibt es eine Wellenbewegung der Weltsicht. Gegenwärtig überwiegt Missmut und Klage:

Das Leben ist ein Jammertal. Das Leid und die Armut sind unermesslich, auch weil „dauerndes Glück im Schöpfungsplan des Menschen nicht vorgesehen ist" (Freud). Mitleid wird daher zu einem geforderten Gefühl für Menschen, die vom Schicksal begünstigter sind.

Wer diesen „höllischen" Pessimismus nicht teilt, muss ausgegrenzt werden. Nur wer Merkels ehemalige Flüchtlingspolitik lobte, wer SPD, Grüne oder Linke wählt, erfüllt einen diffusen moralischen Anspruch.

PS. Meine Mutter hat nach dem Krieg mit Schneiderei drei Erwachsene und ein Kind ernährt, war aber im Wesentlichen fröhlich.

Jacques Schuster, Europas Sargnagel

WELT vom 11.02.2017

Vielen Dank für den informativen Leitartikel von Jacques Schuster „Europas Sargnagel".

Dazu eine kleine Ergänzung:

Bevor unreflektiert unbedingter Gehorsam gegenüber der Judikative gefordert wird und bei jeglicher Kritik an Entscheidungen von Richtern die Gewaltenteilung in Gefahr gesehen wird, sollte man erkennen, dass hierbei ein unwandelbares menschliches Dilemma vorliegt, das Kant so formuliert hat:

Der Mensch „mag es also anfangen, wie er will: so ist nicht abzusehen, wie er sich ein Oberhaupt der öffentlichen Gerechtigkeit verschaffen könne, das selbst gerecht sei".

Es bleibt also das unlösbare Problem, wer denn die Richter richten soll.

Wer richtet die Richter?

11.02.2017

Bevor unreflektiert unbedingter Gehorsam gegenüber der Judikative gefordert wird und bei jeglicher Kritik an Entscheidungen von Richtern die Gewaltenteilung in Gefahr gesehen wird, sollte man erkennen, dass hierbei ein unwandelbares menschliches Dilemma vorliegt, das Kant so formuliert hat:

Der Mensch „ mag es also anfangen, wie er will: so ist nicht abzusehen, wie er sich ein Oberhaupt der öffentlichen Gerechtigkeit verschaffen könne, das selbst gerecht sei".

Es bleibt also das unlösbare Problem, wer denn die Richter richten soll.

Realistischere Kommentare zu Weltproblemen

27.01.2017

1) In Syrien hat die radikalislamische Gruppe Fateh al-Scham, ehemals al Qaida, die Gunst der Stunde, da auch Rebellengruppen in Astana für Friedensgespräche zusammenkamen, genutzt, um diskussionsbereite Assadgegner zu überfallen und Waffen zu erbeuten. Fateh al-Scham will in Syrien ein extremistisches Emirat errichten, das Teil eines globalen Kalifats sein soll.
Russland sei Dank, dass es nicht durch die Legenden verwirrt wurde, es gäbe „gemäßigte" laizistische Rebellen und Kriege könnten **nicht** militärisch gewonnen werden.

2) Die „Festung Europa" nimmt Konturen an. Man scheint zu der Ansicht gekommen zu sein, dass die Flüchtlings- und Migrantenströme kurz- und mittelfristig nicht zu steuern sind durch Beseitigung der Ursachen.
Es gibt Pläne der EU, dass „Asylhopping" zu beenden, indem sie die bisher unterschiedlichen nationalen Standards und Systeme angleicht. Auch eine EU-weite Obergrenze für Flüchtlinge wird diskutiert und Asyl-und Migrationszentren außerhalb Europas sollen errichtet werden. Dadurch solle das Schlepperunwesen im Zusammenwirken mit staatlichen Schiffen bekämpft werden. Auch ein Modell von gleichzeitiger Überwachung von Außen- und Binnengrenzen wird erwogen. Orban lässt grüßen.

3) jetzt hat eine „wissenschaftliche" Studie das bekannte Phänomen wieder entdeckt, dass alle Diktaturen: Utopien, Kommunismus,

Nationalsozialismus und faschistischer Islam auf die Erziehung der Jugend ganz besonders großen Wert leg(t)en, um ihre Ideologie durch einen „neuen Menschen" zu sichern.

Mit der massenhaften Zuwanderung aus dem islamischen Kulturkreis gibt es neben anderen Inhalten des „Clash of Civilisation" (Samuel Huntington) auch das Problem, dass der Islam vielen Jugendlichen ein klares Regelwerk anbietet, dem man folgen muss, und somit dem Salafismus Tür und Tor öffnet.

In freiheitlichen Gesellschaften zu leben, in denen man seinem Leben einen frei gewählten Sinn geben muss, ist für Jugendliche komplizierter als den Verheißungen eines islamischen Zwangsregelwerks zu widerstehen.

Leviathan und Widerstand

21.01.2017

Ich fürchte, dass sogar Politiker, einschließlich Merkel, den phantastischen Artikel von Konrad Adam in der „Jungen Freiheit" vom 20.01.2017 gar nicht verstehen. Der Inhalt ist zwar wahr, aber zu tiefgründig.

Auf Thomas Hobbes, dessen Gesellschaftsvertrag Konrad Adam nach beiden Theoremen: „Schutz" und „Widerstand" erklärt, könnte sich berechtigt auch Viktor Orban berufen.

Die Worte von Adam benutzend, ergibt sich die Situation, dass dann, **wenn** der Oberherr, hier: Brüssel, es versäumt, den Vertrag zu erfüllen und die Bürger vor gewaltsamen Angriffen zu bewahren, hier: das Versagen der Schengengrenzen und selbst verursachtes Chaos mit dem politischen Islam, die Machtunterworfenen **dann**, hier: die EU-Staaten, das Recht haben, sich zu verteidigen und Widerstand zu leisten, hier: gegen Brüssel.

Konservativ

WamS vom 20.01.2017

Thomas Morus:
Tradition ist nicht das Halten der Asche, sondern das Weitergeben der Flamme

F.-J. Strauß:
Konservativ ist, wer an der Spitze des Fortschritts marschiert

Alan Posener:
Konservative halten fest am Unveränderlichen der modernen Welt: der Veränderung

Unbekannt:
Man reißt sein altes Haus nicht ab, bevor man nicht weiß, wie das neue aussieht

Gauck: Demokratie ist kein politisches Versandhaus

WELT vom 19.01.2017

Bleibt man Demokrat, wenn man z.B. nationalkonservativ ist oder Merkels Flüchtlingspolitik, höhere Steuern und Ralf Stegner ablehnt? Ja! Denn der Kern der Demokratie wird definiert als Staatsform, in der eine bestehende Opposition ohne Blutvergießen gewählt werden kann. Verbreitet ist aber die Meinung, dass rechte „populistische" Politiker keine Demokraten seien und nur „Unrat" produzierten.

Interview mit Prof. Dr. Egon Flaig

(v) Junge Freiheit vom 15.01.2017

Ich danke der „rechten" JF für das Interview mit dem klugen Prof. Flaig. Er ist einer der wenigen, der das für Deutschland unsägliche Treiben des „überschätzten" (Odo Marquard) Jürgen Habermas ins rechte Licht rückt. Sein trübes Wirken und Nachwirken im „Positivismusstreit und im „Historikerstreit", mit unmoralischen Attacken auf Andreas Hillgruber und Michael Stürmer, werden leider von der Masse vergessen.

Die Sache mit Kubitschek

(v) WELT vom 14.01.2017

Der Streit zwischen Leggewie und Kubitschek erinnert entfernt an den „Positivismusstreit" und den „Historikerstreit". Der Unterschied bleibt aber groß. Kubitschek und besonders der Racheengel Leggewie sind nur Schatten auf der ersten Stufe von Platons Höhle.

Unsere Scheingefechte

Spiegel vom 13.01.2017

Sehr geehrter Herr Schmid,

in Merkel und Seehofer treffen richtig und falsch aufeinander und nicht etwa zwei von der „Geschichte" gesteuerte Gegensätze Hegelscher Dialektik. Auch nicht Poppers demokratische Prinzip der asymptotischen Näherung an die Wahrheit.

Merkels individualethische Politik war und ist falsch, genauso falsch wie auch offenkundig falsche Politik von Machthabern, auf die die Welt gern verzichtet hätte.

Wahrheit, Wirklichkeit und Tatsachen

08.12.2016

Alan Posener macht sich Gedanken in einem Artikel der WELT vom 26.11.2016 über Begriffe wie „Populismus", „postfaktisch" und „Tatsachen". Populismus sei ein Sieg des Ressentiments über die Vernunft, des Wunschdenkens über die Wirklichkeit.

Presse und „Mainstream-Medien" seien im Wesentlichen den Fakten verpflichtet. „Ein Erfolgsrezept, langfristig gesehen".

Das Anakoluth erinnert an Hegels Wort: „Was vernünftig ist, das ist auch wirklich" und „Was wirklich ist, das ist auch vernünftig" - langfristig gesehen.

Oder an John Deweys Kriterium der (langfristigen) Nützlichkeit als Ersatz für eine Wahrheitstheorie.

Hegel und Dewey mögen Recht haben. Posener aber der ganz offenbar Protagonisten für Wirklichkeit, Vernunft ,Tatsachen und langfristige Nützlichkeit auf der Seite von Journalisten entdeckt, vergisst, wie viele weltgeschichtliche Irrtümer von Journalisten und „Mainstream-Medien" aller Zeiten Menschen ins Unglück gestürzt haben, und wie unterschiedlich die Meinungen in verschiedenen Ländern auch jetzt ausfallen, und wie unterschiedlich Journalistenmeinungen in Deutschland sind

Ein kleiner Exkurs über unsere empirische Welt mit den Erkenntnissen von Karl-Raimund Popper sei angefügt:

Unbeschränkte Allsätze („Alle Schwäne sind weiß") können **falsifiziert** werden, indem man einen schwarzen Schwan vorweist. Sie können aber **nicht verifiziert** werden, indem man dauernd weiße Schwäne vorführt.

„Es-gibt-Aussagen" („Es gibt Außerirdische") können dagegen **nicht falsifiziert** werden. Sie können aber **verifiziert werden**, indem man einen Außerirdischen findet. Insofern führt sogar eine Meinung, dass es irgendwann einmal ein zweijähriges Baby gibt, das über den Atlantik schwimmen kann, nicht zu einem logischen Widerspruch der gegenteiligen Behauptung.

Und wo soll man nun Meinungen der Art einsortieren, dass es Terroristen unter den Flüchtlingen gibt?

Die Überschrift 2+2=5 in der Überschrift von Poseners Leitartikel führt in die Irre, weil sie Axiomen der Mathematik widerspricht und im Reich der Empirie nichts zu suchen hat.

„Populismus" vs. "Eliten"

06.12.2016

Nun hat auch die WELT vom 06.12.2016 die Schnauze voll von der inflationären Verwendung der Begriffe „Populismus" und „Elite". Das seien „Wieselwörter" (Friedrich von Hayek), deren Bedeutung durch ungenauen und inflationären Gebrauch die Hirne unreflektiert okkupiert haben.

Andererseits gibt es aber doch Begriffe, die lange Kommentare und Analysen ersetzen können. Dazu zählen grandiose Wortschöpfungen wie „Intelligenzproletariat" (Volkmar Weiss erkennt darin einen Grund für den Vertrauensentzug der Bürger), „Klerikerherrschaft" (Helmut Schelsky, der mit diesem Wort im Allgemeinen vermeintliche „Sinnstifter" mit Katastrophenpotenzial bezeichnet), „staatlich verordnete Fremdenliebe" (für Bassam Tibi ist diese Art eines grenzenlosen Helfersyndroms die zentrale Ursache der Flüchtlingskrise) und die Charakteristik von Merkel als „Chamäleon mit Hang zum Machiavellismus" (Markus Brandstätter).

Therapie für all diese depressiven Weltsichten: Mit Freunden in Kajaks auf Werra und Weser paddeln.

CDU - eine linksliberale Partei

02.12.2016

Der politische Schwach- und Irrsinn, den man zu entdecken glaubt, beruht meistens nicht auf den komplexen Gedanken von Schachgenies, sondern von Menschen von der „doofen Seite" der Gaussschen Glockenkurve.

Medien

Kommen die Barbaren?

(v) WELT vom 10.08.2017

Wow! Das war mal ein Essay! Nur kurz angemerkt: Hegel hat erkannt, dass „gutes Denken immer in die Aporie führt". Aber „politische" Ausweglosigkeit muss nicht „nahe der Verzweiflung" enden. Als Therapie für alle „Sieferles" dieser Welt könnte der Inhalt des Gedichtes von Angelus Silesius dienen: „Ich komme, ich weiß nicht woher/ Ich bleibe, ich weiß nicht wie lang/ ich gehe, ich weiß nicht wohin/ mich wundert´s, dass ich so **fröhlich** bin".

Jeden Morgen und Abend muss das Gedicht memoriert werden, zwischendurch Mozart hören und ab und zu Geschlechtsverkehr.

H. Abdel-Samad, Die Mär vom liberalen Islam

(v) WELT vom 26.06.2017

Die deutsche Medienlandschaft ist begeistert, skeptisch, entsetzt über dies und das. Welt-Journalisten spielen mit. Doch die Realität ist stärker als die tosende Meinung, die sich dreht. Abdel-Samad bleibt Leuchtturm der Realität!

Erfolg von Politikern und (ihren) Journalisten

25.06.2017

Wie misst man den „Erfolg" von Politikern und Journalisten?

Die Mitglieder beider Berufsgruppen können dann freudvoll auf ihr Lebenswerk blicken, wenn sie auch noch nach 50 Jahren feststellen, dass sie „nachhaltig" waren. Oder wenn sie mit Hegel sagen könnten: „Nur was vernünftig ist, ist real" - und ich hab´s erkannt.

Helmut Kohl gehört dazu! Die unbarmherzigen Krauter von „STERN" und „SPIEGEL" nicht.

Die meisten unter den Volksvertretern und Meinungsmachern sind Kläffer, Wadenbeißer und Zwerganalytiker, die nur kurz die Masse aufregen können.

Sie müssten eigentlich am Ende ihrer Tage bedauern, dass es keinen Resetbutton für Lebensläufe gibt.

Wie ich lernte, Politiker und Medien nicht zu lieben

20.05.2017

Politiker und Medien dürfen sich nicht wundern, wenn ihnen keine tiefe Liebe entgegen gebracht wird.

Die irre Diskussion von Grünen und Linken über den Verzicht eines Kreuzes auf dem Berliner Stadtschloss, eine unchristliche Absicht, die allerdings in Bedford-Strohm und Kardinal Marx wegen ihres feigen Verhaltens auf dem Jerusalemer Tempelberg ihre Vorbilder hat,

oder der diktatorische Angriff von Heiko Maas auf die Meinungsfreiheit, oder die Wahlreden des „wahren" Populisten Martin Schulz,

oder der Themenklau der Etablierten bei der AfD trotz weiterer Diffamierung,

oder die ideologisch verzerrte Studie zu Rechtsextremismus in Ostdeutschland,

oder das geschichtsvergessene Abhängen eines Bildes von Helmut Schmidt in Wehrmachtsuniform (der „Logik" wegen müssten auch alle Bilder von Stauffenberg in Uniform beseitigt werden)

müssten eigentlich Zigtausend auf die Barrikaden treiben.

Die Wahrheit und andere Lügen

12.05.2017

Twitter und Facebook müssten gemäß Heiko Maas folgende politischen Aussagen eigentlich entfernen:

- Die Förderung der erneuerbaren Energien wird im Monat nicht mehr als eine Kugel Eis kosten.

- Die Regierung behauptet in einer kürzlich erschienenen Broschüre, dass die Energiewende „nachhaltig" und „planbar" sowie „verlässlich" und „intelligent" sei, obwohl sich Deutschland zwei Energiesysteme leisten muss: ein erneuerbares, wenig effizientes für die CO_2-Vermeidung und ein konventionelles für „Dunkelflauten".

- Mit den Flüchtlingen kommen keine Terroristen ins Land

- Die Migranten kosten die Bürger keinen Cent! Das Geld kommt vom Staat. Der hat gut gewirtschaftet (u.a. Julia Klöckner)

Vorurteile infizieren Common Sense

23.04.2017

Wie sehr Vorurteile ein objektives Urteil über die AfD verhindern, beweist ein Kommentar in der WELT am SONNTAG (23.04.2017)

Es genügt dem Autor nicht, nur wirkliche Negativa des AfD-Programms zu benennen, sondern **er infiziert auch Programmpunkte**, die allgemein in der Öffentlichkeit diskutiert werden und sich nicht nur bei der AfD finden, **mit den skandalträchtigen und problematischen Aussagen rechtsgerichteter Parteimitglieder.**

Polemisch wird suggeriert, dass die AfD dafür steht, „dass Männer Männer sind und Frauen Mütter (die Ansicht ist nicht nur AfD-spezifisch), wo Schüler keinen Schweinkram lernen (frühkindliche tabufreie Sexualisierung mit allen Schikanen wird nicht nur von bekannten Wissenschaftlern, sondern vor allem auch von Eltern abgelehnt),

wo Deutschland w e i ß und christlich ist (Das gängige Reizwort „weiß" steht gewiss nicht im Programm, und der Islam gehört gewiss nicht zu Deutschland, zu einem Land, dessen Institutionen von griechisch-römischer Antike, der Aufklärung und dem Christen-und Judentum geprägt sind. Integrierte Muslime sehr wohl),

wo die Globalisierung gefälligst draußen vor der Tür zu bleiben hat" (Globalisierung wird selbst die AfD nicht mehr rückgängig machen können. Aber mit diesem ökonomischen Punkt kann auch gemeint sein, dass es zu Spaltungen kommt, wenn man einen neuen Weltbürger schaffen will, der keinen Bezug mehr hat zu seiner Heimat und zu seiner „Nation".

Die Konsequenz der Spaltung einer Gesellschaft durch absurde Ziele, ist bereits jetzt schon mehr als deutlich).

Schächtung aus religiösen Gründen soll verboten werden (Über das blutige Ritual kann sehr wohl diskutiert werden).

„In der Schule sollen die Vorzüge der herkömmlichen Familie gelobt (Die „herkömmliche Familie" darf gerne gelobt werden, weil die „nicht-herkömmliche Familie" bisher noch nicht ihre Vorteile bewiesen hat),

die „Gender-Studies" an Hochschulen als „verfassungswidrig" verboten werden" (Es gibt einen „Gender-Wahn" sogar bei „wahnsinnigen" Wissenschaftlern. Andere wiederum bekämpfen diesen absurden Gesellschaftskampf).

Aber die Wahrhaft geistige Verirrung des Autors zeigt sich im konstruierten Gegensatz von Grundgesetz und AfD-Programm:

„Im Mittelpunkt des AfD-Programms steht das ‚Staatsvolk'. Unmissverständlich heißt es: „Der Erhalt des eigenen Staatsvolks ist die vorrangige Aufgabe der Politik und jeder Regierung". Diese Formulierung aber widerspreche nach Meinung des Autors dem Grundgesetz, „in dessen Mittelpunkt der einzelne Bürger mit seiner Würde steht..."

Das ist ein konstruierter Gegensatz. Es liegt gar kein ausschließender Widerspruch vor. Denn es können durchaus mehrere Ziele im Mittelpunkt stehen. Der Staat hat in der Tat für den Schutz seiner Bürger, für sichere Grenzüberwachung und auch dafür zu sorgen, dass nicht z.B. Massen von kulturfremden Analphabeten mit mittelalterlichen religiösen Vorstellungen die Macht übernehmen. Aber er hat auch die unbedingte Pflicht, dass die Menschenwürde geachtet wird.

Der Autor mag offenbar die NRW-Ministerpräsidentin Hannelore Kraft (SPD), die der AfD eine Politik unterstellt, die an „die dunkelsten Kapitel" (sic!) der deutschen Geschichte erinnere.

Das aber ist nun eine wirkliche Relativierung der Nazi-Herrschaft.

Im Land der Falschmeldungen

30.03.2017

Wir erwarten von Journalisten und Experten Berichte und Aufklärung über „das, was ist", keine interessegeleiteten Manipulationen, keine politischen Meinungen über das, was sein soll oder von dummen Journalisten dumme Berichte über „das, was (angeblich) ist". Kurzum, wir wollen keine Journalisten, die aus ideologischen Gründen Politik betreiben wollen, oder „Experten", die wegen finanzieller Ziele Falschmeldungen verbreiten.

Was die Journalisten betrifft, so gibt es diese Spezies auf der linken wie auf der rechten Seite, so dass ein gewisser Meinungskampf hilfreich ist.

In einzelnen Epochen überwog mal die linke mal die rechte Meinung. Gegenwärtig überwiegt die linke Weltsicht. Das beweist neben den Inhalten auch die geistige Zugehörigkeit der Journalisten zu den politischen Parteien.

Journalisten sollten das Ethos von Richtern haben, die nach dem Prinzip: „audiatur et altera pars" (gehört werden möge auch die andere Seite) zwischen Staatsanwalt und Verteidigung „die Wahrheit" suchen.

Für uns Bürger bleibt nur eine Lösung: auf Descartes´ methodischen Zweifel gestützt, müssen wir lesen, forschen, zuhören, diskutieren, dann selber denken und unsere „selbstverschuldete Unmündigkeit" ablegen. Denn „Unmündigkeit ist das Unvermögen sich seines Verstandes ohne Leitung eines anderen zu bedienen (aus Immanuel Kant, Was ist Aufklärung).

Wenn ich das meiner lieben Oma erkläre, dann hält sie mich für verrückt.

Dunja Hayali: „Wenn der Dialog endet, können wir alle einpacken"

(v) Junge Freiheit Nr.13/17 24.03.2017

Moritz Schwarz hat ein interessantes Interview mit Dunja Hayali geführt. Sie bewertet sich selber als neutrale, neugierige Journalistin. Und dennoch kann sie trotz großen Bemühens ihren „Echoraum" nicht verleugnen. Denn auf die Frage, warum sie „nicht auch mal eine Reportage über Ausgrenzung und Diskriminierung von Konservativen" mache, antwortet sie entlarvend: „Eine berechtigte Frage und ein guter Hinweis. Im Ernst: Ich nehme das als Anregung mal mit".

Als „neutrale" Journalistin hätte sie diesen „Hinweis" nicht gebraucht.

Die Wahrheit ist, dass es zu schwer ist, seine „Vor- oder Urteile" abzulegen, nachdem sich Meinungen eingeschliffen haben.

Meine „Echokammer" ist die „Junge Freiheit" zusammen mit weiteren Medien meiner Wahl, und ich wundere mich, dass sich andere in anderen „Echokammern" wohlfühlen.

Aber jeder könnte wissen, wie seine Vorurteile entstehen. Er müsste nur Francis Bacons „Idolenlehre" studieren. Diese füge ich im Anhang bei, um das Wissen um Wahrheit, FakeNews, scheinbare Neutralität und Vorurteile zu erweitern.

Deniz Yücel im Gefängnis

11.03.2017

Deniz Yücel ist als türkischer Staatsbürger in der Türkei verhaftet worden. Zu Recht ist man in Deutschland entsetzt, dass Journalisten und andere Oppositionelle im Gefängnis mundtot gemacht werden sollen.

Was aber hat Yücel genau gesagt und getan, um ihn ins Gefängnis zu werfen? Das ist bisher unklar. Yücel ist kein fairer Journalist, der sine ira et studio allein gegensätzliche Meinungen vertritt. Sein Gehirn brütet auch unmoralische Sätze aus, wie die folgenden Zitate beweisen. Daher: „Je ne suis pas Deniz".

Man könne Sarrazin nur wünschen, „der nächste Schlaganfall möge sein Werk gründlicher verrichten".

Kurz vor der Wahl von Gauck zum Bundespräsidenten schrieb er, dass Gauck noch Gelegenheit finden werden, „Ausländern die Meinung zu geigen, Verständnis für die Überfremdungsängste seiner Landleute zu zeigen, die Juden in die Schranken zu weisen und klarzustellen, dass Nationalsozialisten auch nur Sozialisten" seien.

"Endlich! Super! Wunderbar! Was im vergangenen Jahr noch als Gerücht die Runde machte, ist nun wissenschaftlich...und amtlich...erwiesen: Deutschland schafft sich ab!" „Woran Sir Arthur Harris, Henry Morgenthau und Ilja Ehrenburg gescheitert sind, (...) übernehmen die Deutschen nun also selbst". Der baldige Abgang der Deutschen ist Völkersterben von seiner schönsten Seite". „Etwas Besseres als Deutschland findet sich allemal".

(Quellen: Wikipedia und Junge Freiheit vom 10.03.2017)

Die letzten Zitate mögen Satire sein. Sie ist dennoch schwer erträglich und von keinem Freund der Deutschen formuliert. Wenn Yücel etwas Ähnliches über Türken geschrieben hätte, dann wäre wahrscheinlich ein Staatsanwalt tätig geworden.

Norbert Bolz, Die Pöbeldemokratie

Cicero 03/17 vom 02.03.2017

Nachdem Gutenberg den Buchdruck erfand, verbreiteten sich Gedanken, die sonst im Verborgenen schlummerten, über die ganze Welt.

In der Vergangenheit blühten Hass, Fake-News, Wut-Pöbeleien und Gemeinheiten ebenfalls in kleinen lokalen Kreisen im Verborgenen. Das Internet und seine sozialen Medien bedeuten daher keineswegs eine „Kulturrevolution". Sie verbreiten aber – wie im 15.Jh. die Buchdruckerkunst – massenhaft vorhandene Gefühle und Gedanken. Zeitgenössische Menschen sind ja keine Mutanten.

In der Tat erschreckend ist aber, dass selbst unglaublich hässliche, bösartige, menschenverachtende Beiträge in den sozialen Medien schamlos mit Klarnamen verbreitet werden.

Gutenberg und Internet

02.03.2017

Nachdem Gutenberg den Buchdruck erfand, verbreiteten sich Gedanken, die sonst im Verborgenen schlummerten, über die ganze Welt.

In jüngster Vergangenheit blühen Hass, FakeNews, Wut, Pöbeleien und Gemeinheiten ebenfalls in kleinen lokalen Kreisen im Verborgenen. Das Internet und seine sozialen Medien bedeuten daher keineswegs eine „Kulturrevolution". Sie verbreiten aber – wie im 15.Jh. die Buchdruckerkunst – massenhaft vorhandene Gefühle und Gedanken. Zeitgenössische Menschen sind ja keine Mutanten.

In der Tat erschreckend ist aber, dass selbst unglaublich hässliche, bösartige, menschenverachtende Beiträge in den sozialen Medien schamlos mit Klarnamen verbreitet werden.

FakeNews

20.01.2017

Der Wille, FakeNews zu verbreiten und Meinungen zu erzeugen, ist alt. Es gibt sie in ganz unterschiedlichen Formen:

Cäsars „bellum Gallicum" ist voller FakeNews. Luthers Übersetzung des 5. Gebotes „Du sollst nicht **töten**" ist falsch. Es muss heißen: „Du sollst nicht **morden**". Dadurch ist ein extremer Pazifismus für das Christentum problematisch.

In jüngster Zeit hat der STERN FakeNews verbreitet durch seine „Hitler-Tagebücher". „Folter durch verschärfte Einzelhaft" der RAF-Mörder war genauso erfunden, wie der Verdacht, der Terrorist Wolfgang Grams sei in Bad Kleinen durch die Polizei „hingerichtet" worden.

Die Halbwahrheiten in der Flüchtlingskrise aus volkspädagogischen Gründen waren auch kein Ruhmesblatt in der Berichterstattung der traditionellen Medien. Das Gleiche gilt für die Propaganda in allen Kriegen, jüngst wieder in Kommentaren und Analysen zu den Kriegen in Nah-Ost.

Zu fragen ist auch, ob „Satire" zu den FakeNews gehören soll.

Die Zahl der FakeNews hat durch die Nutzung der sozialen Medien enorm zugenommen, weil die Menge der „Erdichter" größer geworden ist.

FakeNews und Filterblase

12.01.2017

Mit den sozialen Medien hat auch der „einfache Bürger" Gelegenheit bekommen, seine individuelle Meinung zu verbreiten und sie nicht nur wirkungslos am Stammtisch zu äußern. Nun haben die früheren alleinigen Meinungsmacher und Wahrheitspriester „entdeckt", dass „Filterblasen" und „FakeNews" die Sicht auf die Tatsachen angeblich versperren. Nicht immer!

Ich bewege mich in vier gegensätzlichen „Filterblasen" und freue mich über meine neu entstandene eigene Blase.

Übrigens wenn ich nur STERN und Süddeutsche lesen würde, dann befände ich mich auch in einer fremdbestimmten Filterblase, bisweilen sogar mit schlecht recherchierten FakeNews.

Abwehrzentren gegen FakeNews u.a.

24.12.2016

Sub specie aeternitatis („Unter dem Gesichtspunkt der Ewigkeit") oder auch nur aus einer größeren Distanz zur Tagespolitik ist das, was Politiker der Koalition in einem hysterischen Furor vorhaben, ein Mega-Witz: Abwehrzentren gegen FakeNews, die sie teilweise auch selber verbreiten, gegen Rechts, wobei Links gern mal übersehen wird, gegen Hassmails, die man Vollidioten eigentlich schenken könnte.

Da kämpfen der kleine Maas und Stasi-Kahane an vorderster Front.

Aber auch vor Diskriminierung und Verleumdung schrecken die bekannten Kläffer der Koalition nicht zurück, um eine immer stärker werdende Opposition zu vernichten. Sie wollen alle gerne an der Macht bleiben, und zu diesem Zwecke erfinden sie dauernd neue Wahrheiten.

Linke Gewalt

Principiis obsta

23.07.2017

Sero medicina paratur. Wehre den Anfängen. Zu spät wird das Heilmittel bereitet:

Der Anfang vom bitteren Ende:

Henry, 5 Jahre alt, zertritt das Blumenbeet seiner Tante. Darauf entschuldigt der Vater ihn mit den Worten: Er ist eben kreativ

Graffitischmierer verschandeln Städte. „Entartete" Kritiker verteidigen die Kleckserei als Kunst.

Terroristische Chaoten wüten in einigen Hamburger Stadtteilen. Einige Journalisten und Politiker bezeichnen diese Hohlköpfe als sensible, hochintelligente Opfer, die unter dem „System" leiden. Für die RAF gab´s dieselben Entschuldigungen, als sie auch von Ströbele und Böll noch „Baader-Meinhof-**Gruppe**" genannt wurde.

Folgerung daraus mit der „broken-windows-theory": Selbst kleine Verfehlungen müssen geahndet werden, damit der Staat nicht zerstört wird.

Prognose zur linken Gewalt

20.7.2017

Gewalt von „links" wird bis kurz vor Ewigkeit als „gute" Gewalt bleiben mit hehren Zielen, und die verständnisvollen Kommentare werden nicht enden, weil die Diskussionen um „soziale Gerechtigkeit" nie aufhören werden.

Chaos und Terror in Hamburg

16.07.2017

Laut ist das Geheule und endlich mutig die verdrängten Analysen zum Terror in Hamburg.

Linke Gewalt wurde zu lange verschwiegen, verdrängt und sogar geduldet. Vergessen wurden Konsequenzen aus der conditio humana:

Wo haben wir früher Äpfel geklaut? Nicht dort, wo ein scharfer Hund wachte. Wo verbreitet sich der versiffte linksgrüne Radikalismus der „Roten Flora" und anderer verwirrter Terrorzellen? Dort, wo keine Gefahr der Ausdehnung besteht! Wahrscheinlich wäre so ein Chaos in München nicht passiert.

Oder ein wenig „humanistischer":

Principiis obsta. Sero medicina paratur (Wehre den Anfängen. Zu spät wird bereitet der Heiltrank)

Blackbox Rote Flora

WELT vom 12.07.2017

Dass moralische Pervertierung der Linken und deren gewaltsame Versuche, das Paradies auf Erden zu schaffen, eine vergiftete Gesellschaftsvorstellung sein kann, hat Hamburg wieder einmal bewiesen. Aber in Hamburg werden jetzt nicht nur die Straßen gesäubert, sondern auch Kommentare freigesetzt, die sich vorher versteckten. Der „Roten Flora", aus der fortwährend „kulturelle Vielfalt" quoll, könnte eine „Tote Flora" werden, die wegen der Terrorattacken und anderer linken Projekte beerdigt wird.

Die 68er, Heiko Maas und Rosa Luxemburg

Cicero vom 16.06.2017

Sind die 68er Fluch oder Segen?

Ich bin Zeitzeuge und habe die 68er mit meinen Kommilitonen als intellektuelle Plage empfunden, die unsere schöne alma mater verschmutzten.

Der Titel von Cicero (Nr.6 Juni): „Die 68er: Bilanz einer selbstgerechten Generation" mit einer Darstellung der vier wichtigsten „selbstgerechten" Galgenvögeln: Dutschke, Fischer, Ströbele, Cohn-Bendit trifft genau den Nagel auf den Kopf. Leider sind unter den vierzehn Schreibern von Statements zu den 68ern nicht Helmut Schmidt oder Kurt Sontheimer mit ihrer vernichtenden Kritik vertreten. Die 68er wollten eine andere vom Sozialismus geprägte Republik.

Der viel gerühmte Freiheitsbegriff der 68er entsprach durchweg dem Ziel von Heiko Maas und Umfeld. Freiheit und Opposition sind nur erlaubt im Rahmen des gültigen Mainstreams. Alles andere wird niedergebrüllt und diabolisiert.

Entsprechungen gibt es auch zu dem falsch interpretierten Spruch von Rosa Luxemburg: „Freiheit ist immer Freiheit des Andersdenkenden". Sie meinte keineswegs etwa Menschen, die in nichtkommunistischen Klischees dachten, sondern sie zeigte nur Toleranz gegenüber „Abweichlern von der offiziellen kommunistischen Linie" und billigte nur ihnen „Freiheit der Meinung" zu – wie Maas.

Von Mitte-Rechts bis Rechts-Außen: Überall Schweinehunde

16.03.2017

Nach Einschätzung von Historikern und links-intellektuellen Kritikern gibt es ganz unterschiedliche Ausprägungen der „Rechten": die extreme Rechte, die Neue Rechte, Rechtspopulisten, Rechtskonservative, Rechtsliberale und weitere verirrte Schweinehunde. Bei einigen Analysen kommt u.a. heraus, dass die „autoritäre Revolte" ihr Denken auf den Kern reduziert: „Völker dürfen sich nicht vermischen", oder dass Geistesgrößen wie Platon, Nietzsche oder Heidegger von „Philosophen der Rechten" nur oberflächlich oder gar nicht verstanden werden.

Bisweilen wird aber doch plötzlich ein „Wahrheitskern" der Neuen Rechten entdeckt, der auf Realitätsverweigerung der Linken hindeutet. Die sei nämlich zu oft mit eigenen Identitätsfragen beschäftigt und vernachlässige berechtigte Kritik am Islamismus.

Verschärft formuliert und mit dem Flüchtlingschaos verbunden wird diese Einsicht durch einen Beitrag in der „Jungen Freiheit" vom 10.03.2017: Allein der Gedanke werde sich nicht durchsetzen, dass die indigene Bevölkerung die ungefragte massenhafte „Einpflanzung fremder, nur schwer kompatibler Kulturen nicht nur hinnehmen, sondern sogar privilegieren und die Verschlechterung der eigenen Lage hinnehmen soll".

Desweiteren müsste man als „Neuer Rechter" fragen, ob man der Toleranz und des Fortschritts wegen Unisextoiletten, alle Formen sexueller Prägungen oder den Genderwahn, die Dekonstruktion der traditionellen Familie und die „Verspargelung" der Landschaft akzeptieren muss.

Die Neue Rechte ist ja gerade durch Fehlentscheidungen in der Flüchtlings- und Migrantenkrise und durch moralisch begründete übertriebene Verdammnis von Jahrhunderte alten Überzeugungen gewachsen. Sie formuliert jetzt selbstbewusster eine eigene „Gegenidentität".

PS Nun wird es langsam Zeit, dass Artikel erscheinen, die die Formenvielfalt der Linken analysieren. Ein vielversprechender Ansatz in dieser Richtung ist der großartige Artikel von Hans-Peter Schwarz: „Plädoyer für eine radikale Wende", erschienen in der WELT vom 12.03.2017.

Leitkultur

Bundeswehr

Spiegel vom 20.07.2017

Von der Leyen hat in größter Naivität die Wirkung des lateinischen Spruches „Calumniare audacter, semper aliquid haeret" (Verleumde kühn, etwas bleibt immer hängen) unterschätzt. Sie hat mit ihren Aktionen eine Vertrauenskrise unter den Soldaten und den Verantwortlichen der Bundeswehr heraufbeschworen, weil diese nicht zulassen wollen, dass „etwas hängen bleibt" an ungerechtfertigten Vorwürfen, die wie „Verleumdungen" wirken.

van Crefeld

Junge Freiheit vom 02.06.2017

Martin van Crefeld hat einen berühmten Vorläufer in der Analyse des Zusammenhanges von Kampfbereitschaft und Verweichlichung durch Konsequenzen eines übermäßigen Wohlstands: Caius Julius Caesar.

In seinem „Gallischen Krieg", Buch 1,1 erkennt er, dass In Gallien die Belgier (sic) die tapfersten seien, „weil sie von der Lebensweise und Bildung der römischen Provinz (Provence) sehr weit entfernt sind und Kaufleute nicht oft zu ihnen kommen, die das, was zur Verweichlichung der Gemüter (ad effeminandos animos) dient, einführen.

Diese letzte Passage könnte wörtlich auch übersetzt werden mit „zur Verweibischung der Gemüter".

Helmut Schmidt

WamS vom 14.05.2017

Der Brief von Helmut Schmidt an den damaligen Verteidigungsminister Volker Rühe zeugt von geistiger Größe und Verantwortung gegen die kleinkarierte „deutsche" Moralvorstellung aller scheinbar Wohlmeinenden. Und wer trotz schlimmer Konsequenzen scheinmoralisch argumentiert, kann leider nicht als Dummkopf verurteilt werden, was einige Beispiele beweisen.

Mein Vater ist Anfang Mai 1945 bei Kämpfen im damaligen Sudetenland gefallen. Er war Berufssoldat bereits zur Zeit der Weimarer Republik. Meine Mutter hat dieses Leid niemals in ihrem Leben überwinden können und sah sich bisweilen Bilder meines Vaters auch in Uniform an. Durch die Diskussion um Helmut Schmidt in Wehrmachtsuniform fühlt sich unsere Familie verletzt.

Verbrecherische Meinungen und Aktivitäten in der Bundeswehr müssen selbstverständlich kritisiert und bestraft werden. Aber mit einer links-grünen pazifistischen Armee mit Rosen in Gewehrläufen kann sich Deutschland aus der Weltpolitik verabschieden.

Leitkultur

12.05.2017

Die Emotionen kochen hoch bei dem Reizwort „Leitkultur". Dem nachfolgenden Beitrag sei eine Vorbemerkung vorausgeschickt:

„Leitkultur" erinnert stark an „Leitwolf" und „Leithammel". Sich solchen Führern zu unterwerfen, verstößt gegen die kantsche Definition von Aufklärung. Andererseits ist es aber auch so, dass der Leitwolf Wölfe leitet und keine Hammel oder Borkenkäfer, die eine andere genetische Ausstattung haben. Bei unterschiedlichen Völkern nennt man das wohl „historische Ausstattung".

Die traditionelle Logik unterscheidet Definitionsarten. Eine davon ist die Hinweis"definition", wobei konkrete Einzelfälle genannt werden, die einen Begriff erfüllen, oder auf Fälle, die ihn nicht erfüllen. De Maiziere wählt den ersten Fall und erzeugt wenig überraschend einen Shitstorm bei Uekermännern, Dreyeristen und anderen Krautern. Die Frage nach der Leitkultur wird mit der Flüchtlingspolitik, der Integration und einer „gefährlichen" gesellschaftlichen Spaltung vermengt. Viele sind auch begeistert vom habermasschen Verfassungspatriotismus, der für eine Leitkultur genügen sollte. Darüberhinaus gibt es aber noch bewährte Traditionen und Lebensgewohnheiten. Es gehört desweiteren dazu die Meinungsfreiheit, die Trennung von Staat und Kirche und die Segnungen einer Offenen Gesellschaft (mit Grenzen) und der Aufklärung sowie die göttlichen Werke europäischer Komponisten und Dichter.

Hypothese:

Japaner integrieren sich leichter in westliche Gesellschaften, weil sie Beethoven lieben können.

Es scheint weniger kontrovers zu sein, wenn man sich nach dem zweiten Fall dem Begriff mit der Frage nähert:

Was gehört nicht dazu?

Verschleierung durch Burka und Nikab, keine Verschmutzung der Umwelt, kein zur Schau gestellter Penisschmuck, keine Unterdrückung von Frauenrechten, keine Verführung durch politisch infizierte Religion

Weitere Fragen und Antworten, wodurch man das komplexe Thema besser verstehen kann, sind folgende:

- Was bedeutet „made in Germany"?

- Warum kommen Migranten in so großer Zahl nach Deutschland?

- Der Begriff „Integration" setzt voraus, dass da etwas „ist", wohinein integriert werden soll

- Was finden Ausländer an Deutschland typisch?

Schlussbemerkung:

Ich suche mir sowohl aus den positiven Hinweisen als auch aus den negativen diejenigen aus, die ich für wichtig halte. Dabei kommt heraus, dass sich Goldkörner in einem Waschsieb ansammeln, die dann meine ganz individuelle „Leitkultur" ausmachen. Die „Goldwaschmethode" würde für ein anderes Land aber sehr wohl Unterschiede in der Goldmenge erbringen.

Daher meine Position: Es gibt eine vom Individuum abhängige deutsche Leitkultur

Birgit Kelle, Kinder sind auch Menschen
ZWANGSKITARISIERUNG:

Welt vom 05.04.2017

Birgit Kelle hat ein bewundernswertes Talent: Sie trifft immer mit hoher Präzision den Nagel auf den Kopf.

Diesmal weist sie nach, dass linke Volkspädagogen den Artikel 6 des Grundgesetzes (Erziehungsrecht der Eltern) durch einen sprachlichen Trick aushebeln wollen. Sie ersetzen den Begriff „Betreuung" für Kitas durch „frühkindliche Bildung". Damit hätten sie die Möglichkeit zur **Zwangskitarisierung geschaffen.**

Kelles Blick in die Zukunft, dass Eltern dann auch nach dem Prinzip „One man, one vote" das Wahlrecht für ihre Kinder ausüben dürften, da diese ja eigene Rechte hätten, könnte Schwesig und Genossen noch toppen, indem sie das Wahlrecht der Kinder an die Kitaleitung überantworten.

Populismus: Was soll das heißen?

Sinnvolle Definition für Populist

Ein Populist ist ein Politiker, der dem Volke zum Munde redet, ohne die Meinung des Volkes zu teilen. Also ein politischer Heuchler!

Exkurs 1)

Die „Etablierten" mit divergierenden Meinungen und Entwürfen beanspruchen für sich, dass sie allein Wohlfahrt und Glück der Bürger vertreten, ja teilweise sogar „verordnen" als „Mutter Staat". Dem Populisten aber wird ein konstruktiver Beitrag zu diesem Ziel abgesprochen. Ihnen wird unterstellt, die Menschen ins Unglück zu stürzen.

Exkurs 2)

Das Wort „Populismus" wird abgeleitet vom lateinischen „populus"(das Volk).

(Zwei lateinische Wörter würden das, was heute negativ mit „Populist" gemeint ist, besser treffen: „popularitas" die Sucht dem Volke zu gefallen und „popularis" demagogisch.

Diese Begriffe verbieten sich natürlich, weil „Popularität" und „populär" positiv konnotiert sind)

Da aber seit alters her dem Volke politische Klugheit abgesprochen wird, z.B. Platon im Dialog „Politeia" (der Staat) 559d - 564c mit Demokratieverachtung und Robespierre: „Alles für das Volk, nichts durch das Volk", haben die Väter des Grundgesetzes die Staatsform der „repräsentativen Demokratie" gewählt, in der nur alle vier Jahre der Souverän (das Volk) seine Vertreter wählen kann. Damit soll verhindert werden, dass sich das leicht zu manipulierende Volk in die Hände von Rattenfängern begibt.

Exkurs 3)

„populistisch" könnte durchaus mit „volksnah" übersetzt werden, wenn nicht der Begriff „Populismus" zum undifferenzierten Kampfbegriff für den politischen Gegner umgedeutet wurde. Nun gibt es „rechten" Populismus in verschiedenen Ausprägungen in den USA, Frankreich, Deutschland usw., weil „Rechts" ein ernst zu nehmender Feind ist. „Linken" Populismus gibt´s nur ansatzweise, weil darin gar keine Opposition gesehen wird

Begründung der obigen Definition

Eine ehrliche Definition, die nicht als parteipolitischer Kampfbegriff missbraucht werden kann, um den Oppositionellen mundtot zu machen, hat Renate Köcher, die kluge Chefin des Instituts für Demoskopie Allensbach, vorgeschlagen: „Ein Populist ist ein Politiker, der dem Volke nach dem Munde redet, ohne die Meinung des Volkes zu teilen. Also ein politischer Heuchler!

Bei allen als Populisten bezeichneten Politikern ist aber schwerlich Heuchelei zu erkennen. Sie meinen das, was sie sagen, und ein Teil des Volkes ist zufrieden. Es gibt gewiss Interdependenzen. Aber der „populistische" Politiker folgt nicht dem Volke, sondern das Volk folgt dem sogenannten „Populisten".

Definition von Populismus im Mainstream

Die Wähler vermissen echte Überzeugungen beim Populisten. Diese spiegeln die Meinung der Wähler und sie laufen ihnen hinterher. Sie hängen die Fahne nach dem Wind und sind deshalb unglaubwürdig.

Die Keule „Populismus" erschlägt alle differenziertere Erkenntnis und macht das kritische Vokabular ärmer.

Interview mit Prof. Dr. Egon Flaig

Junge Freiheit vom 15.01.2017

Ich danke der „rechten" JF für das Interview mit dem klugen Prof. Flaig. Er ist einer der wenigen, der das für Deutschland unsägliche Treiben des „überschätzten" (Odo Marquard) Jürgen Habermas ins rechte Licht rückt. Sein trübes Wirken und Nachwirken im „Positivismusstreit und im „Historikerstreit", mit unmoralischen Attacken auf Andreas Hillgruber und Michael Stürmer, werden leider von der Masse vergessen.

Die Sache mit Kubitschek

WELT vom 14.01.2017

Der Streit zwischen Leggewie und Kubitschek erinnert entfernt an den „Positivismusstreit" und den „Historikerstreit". Der Unterschied bleibt aber groß. Kubitschek und besonders der Racheengel Leggewie sind nur Schatten auf der ersten Stufe von Platons Höhle.

Pöbel, Volk, Populisten, Politiker, Regierende

06.01.2016

In der gegenwärtigen Diskussion um Pöbel, Volk, Populisten, Politiker und Regierende lohnt es sich, Sokrates', bzw. Platons negative Beurteilung der „Menge" mit ihren „doxa" (Meinungen) zu zitieren.

Sokrates befindet sich - zum Tode verurteilt - im Gefängnis. Sein Schüler Kriton mahnt ihn, Meinung und Macht der Menge ernst zu nehmen.

Darauf antwortet Sokrates:

„Ach, Kriton, wäre die Menge doch imstande, das größte Übel zu bewirken, damit sie auch das größte Gut bewirken könnte - dann stünde es wohl! Nun aber kann sie keins von beiden. Denn es steht nicht in ihrer Macht, vernünftig noch unvernünftig zu handeln - was sie tut, ist Zufall".

Was hätte wohl Sokrates auf die Fragen geantwortet, ob er auch Politiker der „Menge" zuordnet, und ob er allen unterschiedlichen politischen Eliten Vernunft zuerkennt.

PS Platons Antwort ist bekannt

„Populisten" haben keine Schuld

29.12.2016

Politiker und Journalisten kritisieren, dass die SPD, die Grünen und die Linke sowieso verantwortungslos in der Sicherheitspolitik bremsen, und dass die Maßstäbe des Staates bei Recht und Gerechtigkeit skandalös verrutscht sind. Kleinigkeiten werden streng geahndet, wohingegen große Gesetzesbrüche wie Dublin und Verletzung der „bail-out"-Klausel geduldet werden.

„Populisten" hätten das alles nicht mitgemacht.

Das „Eigene" der Rechtspopulisten

17.12.2016

Ein Kommentator der WELT (17.12.2016) behauptet, dass Rechtspopulisten das „Eigene" virtuos ansprechen können, ohne genau sagen zu müssen, was es denn sei".

Er dagegen glaubt, ein Element des „Eigenen" entdeckt zu haben, dessen Verlust Unmut erzeugt:"Es ist die Diskrepanz zwischen der materialisierten Größe (der imperialen Architektur)...und den derzeitigen Erfahrungen, Kontrolle und Steuerfähigkeit verloren zu haben".

Wenn ich diesen Gedankengang - wie kurzgefasst - richtig verstehe, dann ist das ein Argument für intellektuelle Eierköpfe, nicht aber für Parteien und Wähler des rechten Spektrums.

Es ist aber möglich das „Eigene" anders zu definieren und eine „Diskrepanz" anders zu empfinden. Zum „Eigenen" einer unverzichtbaren „Leitkultur" gehören viele kulturelle und religiöse Eigenarten der Migranten **nicht:** Frauenbild, Verhüllungen, Normenkonflikt zwischen Koran und Grundgesetz, Einstellungen zur Gewalt usw.

Neben dem Stolz auf z.B. göttliche gotische Kathedralen seien anhand nur dreier konkreter Beispiele erklärt, worin Europäer ihr „Eigenes" finden könnten:

Sophokles, Antigone: **"Nicht mitzuhassen, mitzulieben bin ich da"**. Der Koran kennt andere Empfehlungen.

Goethe, Faust: **"Da steh ich nun, ich armer Tor. Und bin so klug als wie zuvor...Und sehe, dass wir nichts wissen können"** Das könnte eine Wahrheit sein gegen den Allwissenheitsanspruch und die Allmacht des Koran und seiner Gläubigen.

"Ohne Musik wäre das Leben ein Irrtum". Nietzsche hat damit höchstwahrscheinlich **europäische Musik** gemeint, keine arabische.

Was würden „Populisten" schlechter machen?

05.12.2016

Merkel lässt nach wie vor Ausländer auch ohne Einreiseerlaubnis ins Land.

Bald werden 400.000 bis 500.000 abgelehnte Asylbewerber in Deutschland leben.

Mit Milliardensummen versucht man nun, sie zur Rückkehr zu zwingen.

Ein Rentner mit kleinem Verdienst bekommt mit 65 Jahren nach voller Erwerbstätigkeit nur wenig mehr finanzielle Zuwendung als ein Migrant.

Es wird der Euro trotz irreparabler Defizite bis zum Selbstmord verteidigt mit angeschlossener Griechenlandkrise.

Und durch Negativzinsen wird jegliche Vorsorge unmöglich gemacht.

Die überhastete Energiewende bringt Windspargel übers Land und hohe Strompreise.

Frei seine Meinung zu sagen, wird immer risikoreicher (vgl. Berufsschädigungen bei „Likes" für Aussagen der AfD).

Kritik an geforderter Adoption von Kleinkindern durch Homosexuelle und Frühsexualisierung wie aus einem wissenschaftlichen Lehrbuch in Kitas und Schulen wird als „ewig gestrig" diffamiert.

„Leitkultur" darf man mittlerweile wieder sagen. Aber „Volk" und „Heimat" bleiben rechtsradikal, wie auch die Verteidigung der traditionellen „Familie".

Obwohl eine „Islamisierung" in Deutschland mit allen Gefahren erkennbar ist (vgl. nur die flächendeckende Zahl der Moscheen in Deutschland), wird Unmut und Zorn darüber mit unpolitischen Begriffen wie „ unanständig" und „schäbig" charakterisiert, oder mit dem falschen Hinweis auf „Religionsfreiheit" abgetan.

Das gravierende Problem der Inneren Sicherheit wird zwar erkannt und zugegeben, aber nicht erfolgversprechend bekämpft.

Muss man wirklich befürchten, dass jeder dieser Punkte - und es gibt ja noch mehr - verschlimmert wird, wenn „Populisten" in demokratischen Wahlen an die Macht kommen?

Islam

Ein hochbrisanter Vorschlag

20.08.2017

Peter Huth zeichnet in seiner Kolumne in der WamS vom 20.08.2017 die Historie des islamischen Terrorismus nach. Leider ist eine Deradikalisierung häufig misslungen.

Daher könnten folgende Überlegungen weiterführen: Noch nie wurde meines Erachtens die Frage gestellt, wie Terroristen und Selbstmordattentäter „intrinsisch" (von Innen heraus) abgeschreckt werden könnten, d.h. neben der frühzeitigen Entdeckung durch Staatsorgane einen zweiten Verhinderungsgrund einführen: die Abschreckung.

Beide Tätertypen dürften an ein Leben nach dem Tode glauben. Dieser Glaube kann ihnen nicht genommen werden durch „Beweise" aus dem Koran, da es Gegenbeweise gibt, sondern nur durch eine „inhumane" Maßnahme: durch das Einflößen von existenzieller Furcht um ihr Seelenheil (vgl. ehemalige katholische Kirche).

Ich weiß nicht, wie das wirklich gehen soll. Und es kann sein, dass meine drei folgenden Vorschläge in die Kategorie „Blödsinn" gehören, aber Überlegungen zu Möglichkeiten einer „intrinsischen Abschreckung" fände ich sinnvoll:

1. Toten islamischen Massenmördern die Bestattung verwehren durch dauerhaftes Einfrieren (vgl. Kreon in Sophokles´Tragödie „Antigone")
2. Gefangene und tote islamische Massenmörder mit Schweinegülle besprühen (vgl. General Pershing, der Muslime unbestätigten Berichten nach mit in Schweineblut getränkte Patronen erschießen ließ).
3. Die Familien (Clans) der Täter finanziell an der Entschädigung der Opfer beteiligen

Angesichts des tausendfachen Leids, den islamische Terroristen über die Menschheit gebracht haben, dürften diese drei Maßnahmen vertretbar sein auch vor den „Werten der westlichen Welt".

Die Vorschläge beruhen auch auf meiner festen Überzeugung, dass die „Würde des Menschen" nicht „unantastbar" ist, sondern dass Menschen durch ihre Taten diese verlieren können.

Interview mit Lieberknecht

Junge Freiheit vom 30.06.2017

Ich habe früher mal geangelt. Da musste ich auch sich windende Aale vom Haken nehmen. Daran fühlte ich mich bei den Antworten von Lieberknecht auf die konkreten vernünftigen Fragen der Jungen Freiheit erinnert. Ihre Ansichten über Merkels Kehrtwendungen sind solitär. Und wehe Deutschland, wenn die rosige Meinung der ehemaligen Pfarrerin über „den Islam" Regierungshandeln aller Verantwortlichen würde!

Nassehi, Der Muslim ohne Eigenschaften

WELT vom 23.06.2017

Nassehi kommt mir vor wie ein Westentaschen-Adorno. Man liest und liest – und stellt nach verzweifeltem Bemühen fest, dass hinter dem Wortgeklingel nichts Bedeutendes oder Hilfreiches steckt.

Nur zwei Bemerkungen zu diesem als Wissenschaft getarnten Großhirnwahn:

Rolf Peter Sieferles kleines Büchlein „Finis Germania" ist kein „Skandalbuch". Und die Aktion #nichtmituns wurde von Muslimen in initiiert.

Diskussion zwischen Nassehi und Karim

Cicero vom 19.06.2017

Die Diskussion zwischen Nassehi („Wissenschaftler") und Karim (Journalist und Filmemacher) zeigt den Grund für die ganze Ohnmacht und Wehrlosigkeit dem missionarischen Islam gegenüber.

Karim formuliert verständliche Sätze mit kompetenter Begründung „über das, was ist": „Der Islam ist eine aggressive Religion, die die Welt in gut und böse einteilt"

Nassehi macht aus klaren Aussagen hochmütig und eitel „undifferenzierte Urteile" und mehrmals Vorwürfe wie „Sie verrennen sich".

Wissenschaft sollte einfach und widerspruchsfrei sein. Von diesem Ethos ist Nassehi weit entfernt. Er redet viel, man weiß nicht, was er links oder rechts einer gedachten Linie behaupten will. Er setzt Theoreme und reißt sie mit gegensätzlichen Theoremen wieder ein. Er versucht den Eindruck zu erwecken, durch „tiefer schürfende" Komplexität der Wahrheit möglichst nahe zu kommen. Der Leser aber würde scheitern, wenn er Nassehis Argumente in einer verständlichen Meinung zum Islam und zur Einwanderung zusammenfassen müsste.

Was tun gegen den islamischen Terror?

06.06.2017

Nicht alle Deutschen waren Anhänger des Nationalsozialismus, nicht alle Kommunisten Anhänger der mörderischen Seite dieser Ideologie. Beide Weltanschauungen haben die Hölle für Menschen in ihrem Machtbereich gebracht, obwohl es auch friedliche Vertreter gab. Beide sind nach schweren militärischen und geistigen Kämpfen mehr oder weniger verschwunden.

Und solange es nicht gelingt, die Islamgläubigen davon zu überzeugen, dass die Fülle der gewalttätigen und Blut fordernden Suren aus dem Koran gestrichen werden müssen, weil der Koran gar nicht wörtlich von Allah übermittelt wurde, und dass Allah nicht der einzige, größte, wahre Gott ist, wird es Massen von Sympathisanten des grausigen Terrors geben. Und die Mörder werden nicht aufgeben, weil sie durch den Koran und Millionen von entmenschten Jublern gerechtfertigt werden.

Mehr als zerstören können Islamisten nicht

25.05.2017

Die Theorien zum islamischen Terror sind ausgeschöpft. In großer hilfloser Verzweiflung und Wut über den letzten Anschlag gegen Kinder in Manchester habe ich versucht, einige konkrete, noch nicht bekannte Vorschläge zu formulieren:

- Einfluss nehmen auf Hassformulierungen in Lehrplänen islamischer Länder. Wenn die Mitarbeit verweigert wird, dann finanzielle Sanktionen androhen.

- In deutschen Kindergärten und Schulen solche Schüler den Eltern und der Polizei melden, die in Wort und Tat durch muslimische radikale Motivation auffällig werden.
Diese Schüler zu Zwangsnachhilfe verpflichten, menschenverachtende Suren im Koran zu interpretieren, und ihnen immer wieder zu erklären, dass Allah nicht wollen kann, Andersgläubige zu töten. Hilfreich könnte auch sein, sie zur Teilnahme an einer Beerdigung für Terroropfer zu zwingen. Bei Renitenz der Eltern muss die finanzielle Unterstützung gekürzt werden.

- Moscheen schließen und Imame ausweisen, die gefährliche Suren des Koran verteidigen.

- Bürger sensibilisieren, auffällige Muslime ohne schlechtes Gewissen den Behörden zu melden. Eine Notfallnummer einrichten.

- Abschiebungen auch in nicht demokratische Länder für solche Gefährder, die noch keinen Anschlag verübt haben. Sofern wegen fehlender Papiere oder renitenter Mitarbeit kein Heimatland ermittelt werden kann, werden Gefährder in Lager in Deutschland, Nordafrika oder anderswo unter Aufsicht der UNO eingewiesen und versorgt. Deutschland darf sich nicht dazu verführen lassen, als hypermoralisch zu gelten bei solchen Staaten, die das aus realistischen Gründen nicht sein wollen.

- In den Medien eine Sendereihe einführen, in der immer wieder erklärt wird, dass Allah Muslime, die wahllos Menschen töten, nicht ins Paradies lässt, und dass ein durchgeknallter Einzeltäter zwar die Macht hat, Blutbäder anzurichten, aber gewiss keinen Erfolg haben wird, unser westliche Kultur zu zerstören.

- Für Muslime muss eine Notfallnummer eingerichtet werden, der sie auffällige Glaubensbrüder melden.

- Die üblichen Sicherheitsmaßnahmen müssen gestärkt und erweiter werden:

weiterhin strenge Sicherheitschecks bei gefährdeten Veranstaltungen Kompetenzerweiterung für Geheimdienste und Einsatz von verdeckten Ermittlern

Das war mein Versuch, über die Theorie hinaus konkrete Maßnahmen zu benennen.

Es kann sein, dass einige naiv oder undurchführbar sind. Aber aus Wut und Zorn über diese verdammten Blutbomber habe ich mir Gedanken gemacht, für die möglicherweise Gesetze geändert werden müssen

Islamismophobie (sic)

13.05.2017

Erlaubt der Koran eine geforderte moderne westliche Lesart? „Ja"!, wenn große Teile des Koran und der Sunna gestrichen würden. Das aber bleibt eine schöne Utopie, denn bei einer Verwirklichung wäre der Islam an beiden Beinen amputiert.
Die Gefahr einer Islamisierung besteht zwar (noch) nicht, aber eine dauernde abwehrende Diskussion zu diesem Thema wird bleiben, sofern sich Staaten in kulturellem Relativismus „islamophil" gebärden und Terroristen hoffen lassen, dass sie Erfolg haben könnten.

Ich bin suchtkrank

Für Suchtkranke gibt es staatlich geförderte Kliniken.

Nun gestehe ich, dass ich „**islamismophob**" (sic), neoliberal, politisch inkorrekt und sozial nicht erwünscht bin, weil ich mitleidslos gegen eine unreflektierte „**Willkommenskultur**" bin.

Deshalb möchte ich in eine staatlich geförderte **Sozialklinik** eingewiesen werden,
die meine mentalen Krankheiten heilt, die mein Verständnis für Immigration, sogar für ungeregelte, fördert,
die mich zum Liebhaber des **Multikulturalismus** macht,
die mich überzeugt, dass es keine deutsche Leitkultur gibt, und dass ich alle Suren des Koran in blindem Relativismus gutheiße.

Und Claudia Roths Anblick sollte mir nach dieser Kur keine Schmerzen mehr bereiten.

Religiöse Ismen

Stellt man die Frage, warum religiöse Ismen wie Buddhismus, Hinduismus, Shintoismus, Taoismus ruhig in ihrem ursprünglichen Ausbreitungsgebiet bleiben, der Islam aber nicht, so kann die Antwort nur lauten, dass der Glutkern dieser Religion in einer missionarischen Aggressivität besteht mit singulärem Größenwahn.

Und es ist eine weltgeschichtliche, menschliche Katastrophe, dass Fanatiker dieser Religion das ehemals selbstverständliche friedliche Multikulti zerstört und dunkle Gewalten erzeugt haben.

Terror „ohne Islam"?

„Terror hat nichts mit dem Islam zu tun". Interpretiert man aber die ideologische Basis von IS oder al-Qaida, dann kann man nicht auf Buddhismus schließen.

Die Kritik am Islam fällt gegenwärtig so mäßig aus, weil es keine Menschen von Bedeutung gibt wie Voltaire , Atatürk, Marx, Churchill, C. G. Jung u.a., und weil Politiker nicht um der Wahrheit willen argumentieren, sondern um ihren Machterhalt und wegen vermeintlich außenpolitischer Zwänge.

Und wenn Staatenlenker wie al-Sisi nach Anschlägen in Ägypten hart reagieren, dann sind sie heftiger Kritik ausgesetzt. Mein „Vorschlag": Ein Komitee von Amnesty international zusammen mit Mursi löst ihn ab.

Aber beklatschte Rhetoriker gegen den Schah, Gadafi, Mubarak und auch gegen Assad haben failed states und Diktaturen herbeigeredet, doch keine Vorschläge zur Hilfe unterbreitet.

Haubrich; Kamann "Religionsfreiheit"

Welt vom 03.04.2017

Islam ist die einzige „Religion", die weltweit Unruhe und Terror verursacht. Ist daher der Schutz der „Religionsfreiheit" gerechtfertigt?

Die EU sollte Richtlinien entwickeln, was eine Religionsgemeinschaft sagen und tun darf, um nicht die garantierte „Religionsfreiheit" zu verlieren, z.B. keine Hassreden oder FakeNews veröffentlichen, andere Religionen in ihrer Existenz anerkennen. Politisch klug wäre das zwar nicht, aber ehrlich. Diese Abwägung ist bei Sekten immerhin möglich. Mit dem Christentum ist der Islam auf gar keinen Fall vergleichbar, daher müssen auch keine Kreuze abgenommen werden, um Gleichbehandlung zu garantieren.

Für diese Kritik lassen sich große Söhne der westlichen Welt zitieren: Atatürk, Marx, Voltaire, Schopenhauer, Churchill und viele mehr.

Susanne Gaschke, Vom Glück

WamS vom 19.03.2017

Susanne Gaschke stellt zu Recht fest, dass für Frauen nur der fundamentalistische Islam in unserer freiheitlichen Demokratie wirklich „gefährlich" ist. Die Frage ist aber, ob allein „Gefahr" für Politik relevant ist. Die mediale und politische Lobby für Genderwahnsinn, für Schwule als Adoptiveltern oder Leihmutterschaft ist zwar nicht „gefährlich", aber sie verletzt in ihrer überdehnten Toleranz den bewährten traditionellen Moral- und Menschenverstand. Auch das Flanieren im Urwaldhabitus oder das Kopulieren im Einkaufszentrum ist ja nicht „gefährlich", sondern verstößt gegen immer noch gültige Moralvorstellungen.

Alle Menschen werden Brüder

16.03.2017

Großer Gott! „Refugees welcome!" Wie kann man mitleidslos und unchristlich „Flüchtlinge, die aus der Hölle kommen" mit ihren unschuldigen Kindern an den europäischen Grenzen abweisen? Sie sind hungrig, haben auf ihrer

Flucht Schreckliches erlebt, mussten reißende Flüsse überqueren, waren fürchterlicher Kälte oder Hitze ausgesetzt. Sie mussten all ihre Ersparnisse Schlepperbanden geben. Sie haben alles verloren, - auch ihre Pässe.

In ihren Ländern herrschen Armut und Krieg, ihre Häuser sind zerbombt. Deutschland ist ein reiches Land, und wir müssen lernen abzugeben. Kardinal Marx, Landesbischof Bedford-Strohm und Margot Käßmann sind ihren christlichen Pflichten gewiss schon nachgekommen, haben ihr Salär geteilt und Patenschaften übernommen.

Wir dürfen Europa nicht abschotten. Flüchtlinge sind Geschenke und reines Gold. Sie werden ein weiteres Wirtschaftswunder bewirken.

Islamophobie ist völlig unbegründet und menschenverachtend. Der Islam gehört zu Deutschland. Kopftuch und Burka machen das Straßenbild bunter. Die islamische Kultur ist eine Bereicherung. Kriminalität und Vergewaltigungen gibt es auch unter Deutschen. Wir dürfen keine Angst vor den islamischen Terroristen zeigen, denn das ist deren Ziel. Wir sollten unser freiheitliches Leben angesichts der Bedrohung nicht aufgeben.

Nur wer diese Weltsicht verteidigt, scheint ein guter Mensch zu sein.

Leserbrief zum "friedlichen Islam"

Welt vom 09.03.2017

Immer wieder dieselbe Leier! Ein langer Leserbrief plädiert für einen „deutschen Islam". (Experten wie Bassam Tibi und Hamed Abdel-Samad haben das für unmöglich erklärt). Der Islam sei „grundsätzlich genauso friedlich wie unser Christentum, das Judentum oder polytheistische Religionen". Woraus der Schreiber den friedlichen Grundsatz interpretiert, bleibt fraglich – auf jeden Fall nicht aus dem widersprüchlichen Koran. Das wäre unmöglich.

Aber der wichtigste Einwand gegen diese Sichtweise ist die Tatsache, dass eine Religion nicht nach ihren Regeln, Riten und Ge- oder Verboten bewertet wird, sondern nach den Handlungen ihrer Gläubigen. Und da muss man feststellen, dass im Namen des Islam Teile der Gläubigen mit Unterstützung des Koran massenhaft morden.

Von Luther weit entfernt

Junge Freiheit vom 04.03.2017

Islam und Christentum sind "Geschwister, die sich näher sind, als ihnen oft bewusst und auch lieb ist" erklärt Martin Hein, Bischof von Kurhessen-Waldeck. In der Vergangenheit haben einige EKD-Granden - vom Heiligen Geist erleuchtet? - sogar den Marxismus als Verwandten erkannt.

Ohne Fehler

Cicero 03/2017

Cicero sollte sich einmal bemühen, Politiker des Establishments, gerne auch Angela Merkel, zu bitten, den Nachweis zu erbringen, welche Argumentationsfehler Bassam Tibi und andere angesehene Islamkritiker machen. Wenn das erwartungsgemäß nicht gelingt, müssten die Namen der Angesprochenen veröffentlicht werden

Was wollen Muslime in Europa?

28.01.2017

Was wollen die vielen Muslime eigentlich im freiheitlichen, „aufgeklärten" Europa?

Sie sind gegen Religionsfreiheit, wenn sie den Koran ernst nehmen. Sie sind gegen Schweinefleisch, Bikinis, Homosexualität, Emanzipation der Frau, für Vorrang des Koran vor dem Grundgesetz.

Vier Antworten sind möglich:

1. Sie suchen Schutz und gehen wieder. Volle Unterstützung möglich
2. Sie wollen bleiben ohne ihre Weltanschauung zu ändern. Schwer möglich, da das einer notwendigen Integration widerspricht. Ursprünglich mal als Zwangsgermanisierung bezeichnet
3. Sie wollen lernen, ihre mittelalterliche Mentalität abzulegen. Muss gefördert werden, aber Gefahr des brain-drain.
4. Sie wollen Europa verändern. Das ist eine Kampfansage an die meisten Europäer

Nur 1) und 3) sind mit europäischen Werten kompatibel und akzeptabel.

Islam - islamisch - islamistisch - islamkritisch - islamophob

06.01.2017

Welcher Religion sind folgende Phänomene zuzuordnen? Achtung: Verallgemeinerungen vermeiden!

Gliedmaßen- und Kopfabschneiden, Steinigungen und Auspeitschungen
Sexsklaverei, Sodomie
Kinderehen, Täuschung
Sklavenhandel, Gemeinschaftliche Vergewaltigungen
Zwangskonversion, Dschihadismus
Zerstörung von Kunstwerken, Kampf gegen andere Glaubensrichtungen

Eheliche Gewalt, Vielweiberei
Machismus, Frauenfeindlichkeit
Pädophilie, Schariagesetzgebung
Terrorismus, Gehirnwäsche
Humorlosigkeit, Skandalisierungspotenzial
Ehen auf Zeit, Intoleranz
Wissenschaftsfeindlichkeit, Folter
Bücherverbote, Alleinanspruch seiner Religion
Burka- und Nikabgebot, Uniformität
Genitalverstümmelung, Inzucht
Alleingeltung von „islamischen" Menschenrechten

Für Psychopathen lohnt sich eine Konversion

„Vernünftiger" Quatsch

11.12.2016

Das Frauenbild arabischer Flüchtlinge sei zwar anders, aber auch viele deutsche Männer haben selbiges.

Es sei nicht sicher, ob alle „Flüchtlinge" ihr Frauenbild in Deutschland ändern werden. Man sollte entschuldigend bedenken, dass alle Religionen in der arabischen Welt männlich dominiert sind: orientalische Christen, sephardische Juden, Jesiden, Drusen und andere Gemeinschaften.

Der Kriminologe Christian Pfeiffer ist „Herr der Kriminalitätszahlen". Nachdem er belegen konnte, dass die Kriminalität im Allgemeinen zurückging, sagt er „klar": „Von 100 Ausländern geht mehr Kriminalität aus als von 100 Deutschen". Als „Trost" und Beruhigung für alle Besorgten erklärt der Experte aber, dass es (für das arabische Frauenbild) und die Kriminalitätsbelastung der „Flüchtlinge" Gründe gäbe, also nicht zufällig sei.

Ausgeblendet hat Pfeiffer übrigens mit seinem Absolutheitsanspruch für Statistik die Anschlagsgefahren durch Islamisten.

Es hat bisher nicht einen einzigen orientalischen Christen usw. (siehe oben) gegeben, der „Jesus ist groß" gebrüllt hat, bevor er sich und andere in die Luft sprengte.

Europa

Brüssel lässt Theresa May abblitzen

WELT vom 16.08.2017

Die Verhandlungen der EU mit London können nicht verbergen, dass es den Eurokraten um Rache geht, die potentielle Austrittskandidaten abschrecken soll. Europa soll ein von Brüssel konzipiertes Gebilde sein oder werden, wobei mögliches Leid der Menschen sowohl in UK als auch in Europa, Arbeitslosigkeit und wirtschaftliche Prosperität diesem Ziel untergeordnet bleiben. UK soll bluten! Es bleibt dabei aber die unbeantwortete Frage, was passieren wird, wenn alle „Rosinenpickerei" betreiben würden.

Dirk Schümer, Die Herrenart der EU

WELT vom 15.08.2017

Wenn der Begriff nicht schon vergeben wäre, müsste man Dirk Schümer den Ehrentitel „kritischer Rationalist" verleihen. Neben den vielen „außergewöhnlichen" Analysen wurde es Zeit, die richtungsgebende Kompetenz von „basisfernen Eurokraten" wie Juncker, Timmermans und Tusk (es fehlt ein Hinweis auf Merkels Kompetenz) zu bezweifeln und die unterschiedliche Bewertung der Maßnahmen von Rajoy und Macron einerseits und Kaczynski und Orban andererseits zu benennen, sowie die Besetzung des deutschen Verfassungsgerichtes mit Parteipolitikern und den politischen Einfluss von ARD und ZDF mit Verfassungsänderungen in Polen und Ungarn zu vergleichen.

Der Artikel hängt schon in schönem Rahmen in meinem Arbeitszimmer.

Zwei widerstreitende Artikel

WamS 13.08.2017

Die Inhalte zweier Artikel in der WamS vom 13.8. passen nicht zusammen.

Marcel Laubecher berichtet, dass in Deutschland die Dublin-Verordnung ausgehebelt wird. Das regelmäßig ausgeübte „Selbsteintrittsrecht", nach dem die Behörden Schutzgründe auch von „Flüchtlingen" prüfen, die aus sicheren Drittstaaten einreisen, lassen 280.000 „Migranten" nach Deutschland kommen. Darüber freuen sich natürlich unsere sicheren Nachbarstaaten.

Thomas de Maiziere listet Verfahren auf, die mit einer „nationalen Kraftanstrengung" die Rückführungszahlen erhöhen sollen.

Da sind doch auseinanderstrebende Kräfte am Werk (oder irre ich mich).

Unsere politische regierende Klasse könnte in ihrer habituellen Blase des humanitären Extremismus mal ein kleines Löchlein pieken.

Dieter Stein, Irrsinn im Mittelmeer

Junge Freiheit vom 11.08.2017

Grenzen, auch Meeresgrenzen könnten geschützt werden.

Allein der Wille dazu fehlt, weil „große Teile der politischen Klasse in Europa sich einem humanitären Extremismus verschrieben haben, der die Existenzberechtigung von Grenzen grundsätzlich verneint" (Dieter Stein). Empathie und Mitgefühl mit den Armen sind wertvoll. Aber wenn politisch verordnete Gefühle zerstörerisch wirken, wenn z.B. der bestehende Sozialstaat durch Masseneinwanderung zwangsläufig abgeschafft wird, wenn ein „irrwitziges Menschenrecht weltweite Niederlassungsfreiheit propagiert" (Dieter Stein), dann werden sogar altruistische Menschen überfordert und böse.

Man könnte schwarz sehen. Denn festsitzende Mentalitäten und Weltanschauungen zu brechen, gelingt nur schwer oder nie. Die einzige effektive Möglichkeit besteht darin, die Träger und ihre Ideen abzuwählen.

Die strenge Stausberg, Parlons francais,

WELT vom 22.05.2017

Bekannt ist die Formulierung „la France profonde", das tiefe, ländliche Frankreich, z.B. der Geburtsort von General de Gaulle („Ziel ist ein Europa der Vaterländer") Colombey-les-Deux-Eglises. Weniger bekannt ist auch „la douce Angevine" (das liebliche Anjou), geprägt vom Dichter du Bellay (16.Jh.). Bisher nicht bekannt, obwohl auch passend, „la douce France" von Frau Stausberg.

Die Ungarn verstehen

04.04.2017

In Deutschland wissen nur wenige, dass Hoffmann von Fallersleben „Das Lied der Deutschen", die deutsche Nationalhymne, geschrieben hat, woraus heute berechtigt nur noch die 3.Strophe gesungen wird.

Claudia Roth, eine typische Vertreterin des linksliberalen Zeitgeistes, wo deutschlandfeindliche Sprüche beliebt sind, hatte eine Vision: Am Nationalfeiertag der Deutschen ertrinken die Straßen in einem Meer aus roten Türkenfahnen und ein paar schwarzrotgoldenen Fahnen (Quelle: Wikipedia).

Die Ungarn sind anders. Sie sind stolz, - eine Tugend die den Deutschen nicht immer zu Unrecht aberzogen wurde.

Sie kennen den Verfasser ihrer Nationalhymne, Ferenc Kölcsey. In der Hymne, aus der heute nur die 1.Strophe gesungen wird, heißt es u.a.: "Gott, segne den Ungar... Ihm, den lange schon das Unglück zerreißt, bring ihm fröhliche Jahre! Dies Volk hat schon für Vergangenheit und Zukunft genug gebüßt.

Und der Dichter Sandor Petöfi wird als Held verehrt. Die Ungarn singen noch heute sein „Nationallied" aus dem Revolutionsjahr 1848: „Auf, die Heimat ruft, Magyaren! Zeit ist´s, euch zum Kampf zu scharen! Wollt ihr frei sein oder Knechte? Wählt! Es geht um Ehre und Rechte.

Viktor Orban wird die beiden Zeilen im Kopfe haben: „Dies Volk hat schon für Vergangenheit und Zukunft genug gebüßt" und „wollt ihr frei oder Knechte sein?" Die Ungarn haben wahrlich unter den Kommunisten in der Vergangenheit gebüßt, und sie wollen frei sein ohne Oktroy von Typen wie Schulz und Juncker, die ihnen für die Zukunft vorschreiben wollen, welche Quote an latent aggressiven, kulturfremden Muselmanen (fr) sie aufzunehmen hätten.

Th. Kielinger, Britannien und EU

WamS vom 02.04.2017

Auf meine Twitter-Frage vom 30 März: „Verlässt UK aus Dummheit eine genial konstruierte Gemeinschaft oder aus berechtigter Kritik?" gibt Thomas Kielinger eine kluge Antwort, die erfreulicherweise den gestanzten Meinungen des Mainstreams widerspricht.

Sondergipfel auf Malta

09.02.2017

Zuwanderung muss gesteuert werden. Über diese banale Notwendigkeit scheinen sich nun auch Politiker der EU auf dem Sondergipfel auf Malta einig gewesen zu sein.

Wenn die „Physikerin, die von hinten denkt" (Medien-Sprech), diesen vernünftigen Kurs bereits zwei Jahre zuvor gewählt hätte, dann hätte sie nicht Deutschland und Europa gespalten und die Rechten stark gemacht.

Ideologische Motive bei der illegalen Zuwanderung wie „humanitäre Pflichten" nach Kriegsschuld, gepaart mit individuellem Mitleid, oder „Verantwortung" aus kolonialer Vergangenheit werden mehr und mehr abgelöst durch existenzielle eigene Interessen.

Ein Gebot des Menschenrechts bleibt aber bestehen. Man darf Muslime nicht generell abweisen, selbst wenn keine religiöse Gemeinschaft so viele potenzielle Störer und Dschihadisten aufweist und die größte Zahl an mörderischen Terroristen der Weltgeschichte stellt.

Brexit und Solidarität (*Erinnerung*)

24.06.2016

Solidarität und Mitmenschlichkeit sind unteilbar.

Die Griechen, denen es aus eigener Schuld ganz schlecht geht, werden von der EU und den Euroländern, wozu sie weiterhin gehören sollen, gerettet.

Wenn es den Engländern in der Zukunft aufgrund eigener Schuld ganz schlecht gehen sollte, dann müssen sie trotzdem von der EU, zu der sie nicht mehr gehören wollten, gerettet werden, weil Solidarität und Mitmenschlichkeit unteilbar sind.

Außerdem müsste Europa den Engländern geradezu dankbar sein, dass sie das Experiment des Austritts gewagt haben. Wenn das schief geht, dann werden die Länder der EU enger zusammenrücken und keines käme noch auf den Gedanken auszutreten.

Brexit (*Erinnerung*)

15.06.2016

In einem Kommentar wird bezweifelt, dass der Wunsch vieler Briten, aus der EU auszutreten, nicht auf rationalen Argumenten beruhe.

Nun ist zu fragen, ob Merkels und Brüssels Migrantenpolitik und das Verschweigen negativer Folgen durch zugewanderte Muslime ausschließlich auf rationalen Argumenten beruht, ob die Zuwanderung in die Sozialsysteme, ob die Unfähigkeit, die Grenzen zu schützen, ob der verzweifelte Versuch, Griechenland im Euroraum zu halten, ob Draghis Geldpolitik alternativlos ist, ob der öffentliche Zwang, die LGBT-community zu lieben und die Patchworkfamilien als das moderne Non-plus-ultra anzuerkennen, ausschließlich rational begründet werden kann, -

ob generell nur „linksliberale" Entscheidungen gesellschaftlichen Fortschritt generieren?

AfD

Die AfD - unterschiedlich beleuchtet

22.08.2017

Für Ulf Poschardt ist die AfD immer noch „ein durch Skandale und extremistische Entgleisungen auffällig gewordenes Empörungskollektiv". Sozusagen „Unkraut". Andererseits wird für das Gelingen der Demokratie (sozusagen das „gute Gewächshaus") eine bestehende Opposition gefordert, die aber im gegenwärtigen Wahlkampf vermisst wird. Da frag ich mich doch, welche Inhalte eine solche Opposition vertreten soll. Und Matthias Kamann bemüht sich allerdings mit einem unguten Bauchgefühl um eine faire Analyse der AfD-Flüchtlingspolitik: Migrationspolitische Forderungen der AfD (- zunächst als inhuman und rechtslastig bewertet -) hätten die anderen Parteien „geschickt übernommen". Sozusagen ein „kleines oppositionelles Pflänzchen".

Die immer noch medial verteidigte Meinung nach „mehr Europa" wird im Grund von der AfD aufgenommen, wenn sie die Vereinheitlichung des EU-Asylrechts fordert. Dann müsste Deutschland nämlich singuläre Standards aufgeben, wie es die AfD will.

AfD und Kirche

21.05.2017

Markus Dröge, Bischof der Evangelischen Kirche von Berlin-Brandenburg, kritisiert in einem Interview im ZDF „Berlin Direkt", dass Christen nicht in der AfD sein dürften. Denn die Themen dieser Partei seien nicht kompatibel mit der christlichen Ethik. Es würden von der AfD Menschen mit auffälliger sexueller Orientierung ausgegrenzt, das Familienbild sei zu konservativ und schließe andere als die traditionelle Form aus, die restriktive Flüchtlingspolitik verstoße gegen Menschenrechte. Er vergisst dabei, dass jetzt auch die pluralen Einheitsparteien in dieser Frage Gesetze verschärfen wollen - getrieben durch die Realität.

Dass ein Bischof die christliche Ethik so einseitig als Freibrief für alle menschlichen Ausdrucksformen interpretiert, könnte als Missverständnis gewertet werden.

Wenn ein Bischof meint, er dürfe eine Partei politisch kritisieren mit umstrittenen Annahmen zur christlichen Ethik, dann muss man ihn darauf hinweisen, dass mit der weltabgewandten Liebesethik auch gegenüber Feinden keine verantwortliche Politik Erfolg haben kann (Bevor Dröge weiteren diffamierenden Dünnsinn zu Politik und Theologie verkündet, sollte er intensiv das Gespräch mit dem Religionsphilosophen Richard Schröder/SPD suchen).

Selbst Jesus fühlte sich verpflichtet, schamlose Menschengruppen aus dem Tempel zu vertreiben:

„Und Jesus ging in den Tempel hinein
und trieb heraus alle Verkäufer und Käufer im Tempel
und stieß die Tische der Geldwechsler um
und die Stände der Taubenhändler"

(Matthäus 21)

„Links-rot-grün-versifft"

08.04.2017

Einige AfD-Politiker sehen Deutschland „links-rot-grün-versifft".

Ich stelle einige „grün-rote" Fakten zusammen, wonach jeder urteilen kann, ob der Vorwurf berechtigt ist. In Klammern habe ich meine Kommentare gesetzt, die von der zentralen Frage der stoischen Philosophie beeinflusst sind: „Geht mich das etwas an?"

Unisextoiletten (geht mich nichts an, da ich meine Notdurft auch in solchen Klosetts erledigen kann)

Genderwahn und Sprachidiotien (geht mich nichts an, da ich glücklich verheiratet bin und schreiben und reden darf, wie es mir gefällt)

frühkindliche Sexualisierung in einigen Schulen (geht mich nichts an; meine drei Söhne trifft das nicht)

Homoehen mit vollem Adoptionsrecht (geht mich nichts an; ich bin hetero und habe meine Kinder selber zusammen mit meiner Frau gezeugt)

Verspargelung der Landschaften durch Windräder wegen panikartiger Energiewende (geht mich nichts an, beleidigt aber auf Reisen mein ästhetisches Gefühl. Deutsche Atomkraftwerke haben mich nicht geängstigt, wohl aber ausländische)

„Wer halb Kalkutta aufnimmt, hilft nicht Kalkutta, sondern wird selbst zu Kalkutta": Scholl-Latour (geht mich nichts an; mich ärgert nur die politische Blindheit, massenhaft kulturfremde Analphabeten ungeprüft ins Land zu lassen)

Islamophilie (geht mich nichts an; mich erschreckt aber die Unwissenheit über den Islam)

Drohende Zwangskitarisierung mit Beseitigung der traditionellen Familie gemäß der Frankfurter Schule (geht mich nichts an; ich bedaure aber Eltern, die diesen Zwang nicht wollen)

Schaffung des Weltbürgers in einem Vielvölkerstaat ohne nationale Basis (geht mich nichts an; aber ein „Verfassungspatriotismus" a la Habermas gehört nicht nur zu meiner mentalen Ausstattung)

Gesinnungsethik verdrängt verantwortungsethische Entscheidungen (geht mich nichts an; mit vielen klugen Wissenschaftlern bin ich aber der Ansicht, dass die Konsequenzen katastrophal sind)

Ist das Urteil „links-rot-grün-versifft" begründet?

Mich ärgert generell, dass es beknackte Menschen gibt, die aufgrund ihres politischen Einflusses solche Vorschläge machen und durchsetzen.

Trump, Erdogan, Orban, Le Pen, Wilders, Kaczinsky und die AfD

11.03.2017

Wodurch zeichnet sich „das Richtige" aus?

In der Logik dadurch, dass eine geäußerte Meinung auf gar keinen Fall richtig sein kann, z.B."ein Schimmel ist schwarz". Im täglichen Leben dagegen ist allein die langfristig positive Konsequenz ein wichtiges Kriterium (ungefähr Hegel: „Nur was vernünftig ist, ist auch real").

Nun wird keiner behaupten, dass die gegenwärtigen Eliten der Political Correctness das politische Geschehen fehlerfrei beherrschen.

Allein der Gedanke wird sich nicht durchsetzen, dass die indigene Bevölkerung die ungefragte massenhafte „Einpflanzung fremder, nur schwer kompatibler Kulturen nicht nur hinnehmen, sondern sogar privilegieren und die Verschlechterung der eigenen Lage hinnehmen soll" (Junge Freiheit vom 10.03.2017).

Und die Entscheidung, ob Europa ein zentralistischer Bundesstaat oder ein „populistischer" Staatenbund mit sinnvollem, akzeptiertem Überbau werden soll, wird weiter sehr emotional diskutiert werden.

Mit Kriterien der Logik lässt sich nicht beweisen, dass die sogenannten Populisten, von denen es immer mehr gibt, den falschen Weg weisen.

Ich möchte die langen Gesichter des Establishments sehen, wenn es einem Populisten gelänge, besser zu regieren als Kritiker voraussehen. Die Freude käme allein daher, weil Meinungsvielfalt nicht akzeptiert, sondern eher unterdrückt wird.

Kommentar von Ulf Poschardt

WELT vom 10.03.2017

Ich bin kein Deutscher, der – wie Poschardt meint – die AfD wählt, weil ich von „Moderne, Globalisierung und Digitalisierung" (vergleiche www.Dieter-die-Politik-rakete.de)aufgeschreckt bin, sondern ich hege Sympathien für diese Partei, weil sie als erste die Folgen der chaotischen Flüchtlingspolitik vorausgesehen hat, weil sie die Gefahren, die von Teilen des Islam drohen, realistisch beschreibt, weil sie die uralte Form der Familie, bestehend aus Vater, Mutter und Kind, schwachsinnigeren „modernen" Strukturen vorzieht, und weil sie von ungebildeten Politikern, die manchen Exponenten der AfD , z.B. Konrad Adam und Alice Weidel, nicht das Wasser reichen können, unfair diffamiert wird.

Ob ich diese Partei im September wählen werde, ist nur dann sicher, wenn sie sich von rechtsradikalen Ideen verabschiedet.

AfD ohne Kopf und Erzählung

WELT vom 10.02.2017

Vielleicht wähle ich im September die AfD – aus drei Gründen:

- Ich vertraue Konrad Adam, Gauland, Petry, Alice Weidel und noch einigen anderen, dass sie die AfD zu einer im Kern konservativ-liberalen Partei formen und die rechtsextremen Irrläufer entfernen können.

- Die AfD war zu Anfang der Flüchtlings- und Migrantenkrise die einzige Opposition, die viele der Probleme vorausgesehen hat, die jetzt auch von den Etablierten zugegeben werden und beseitigt werden sollen.

- Mir gefällt nicht, wie Hornochsen und dumme Kühe anderer Parteien die AfD nicht kritisieren, sondern diffamieren.

Besonders diffizile politische Gründe sind das nicht. Aber um solche manchmal kennenzulernen – der oben genannte Artikel gehört nicht dazu - lese ich jeden Morgen mit Genuss meine WELT.

Milde Hetze oder dumme „Menschlichkeit ?

22.12.2016

Ist das milde Hetze (hatespeech) oder dumme Menschlichkeit ,was aus dem Munde der lieblichen Grinsbacke Malu Dreyer, Regierungschefin in Rheinland-Pfalz, in einem Interview mit der WELT vom 22.12.2016 quoll?:

Sigmar Gabriel, Martin Schulz und Frank-Walter Steinmeier seien exzellent geeignet für die vorgeschlagenen Ämter.

Die meisten Funktionäre der AfD und auch der CSU hätten „kein anderes Ziel als die Gesellschaft zu spalten", zu „hetzen" und „Hass säen" zu wollen. „Die Attacken gegen Frau Merkel sind **schäbig**". Die Aussagen von Politikern beider Parteien im Zusammenhang mit dem Terroranschlag in Berlin seien „**unredlich**", „**absolut unangemessen**", „**menschlich unanständig**" und „**verantwortungslos**".

Zu diesen Attributen fällt mir spontan der Begriff „postfaktisch" ein.

Ehe für alle

„Ehe für alle"

03.07.2017

Am 29. Juni twitterte ich, dass homosexuelle Verbindungen nicht „gleich" seien mit heterosexuellen. Daher sei es auch nicht angemessen, einen „gleichen" Begriff für beide Verbindungen zu benutzen.

Erzbischof Heiner Koch wird am 3.Juli in der WELT mit folgenden Worten zitiert: „Unterschiedliche Partnerschaften werden nicht durch einen gemeinsamen Begriff gleich. Die begriffliche Einebnung von Differenzen ist eine Ideologie. Wir sollen keine Differenzen mehr wahrnehmen, damit wir ein möglichst einheitliches Denken formulieren. Das ist ein Armutszeugnis".

Ein konkretes Beispiel kann die Position des Erzbischofs verdeutlichen. Wenn wir für unterschiedliche Hunderassen wie Pudel, Dackel oder Boxer nur den einen Begriff „Hund" hätten, dann wären die mannigfaltigen Vorstellungen zerstört.

Auch sollte ein Gedanke, der die Diskussion um „Ehe für alle" erweitert, demnächst einmal in den Medien verbreitet werden:

Einige heterosexuelle Paare wollen gar nicht heiraten, aber dem Hype nach offenbar alle homosexuellen. Die Schlussfolgerung kann nur sein: Es geht gar nicht um „Ehe", sondern um „Normalität", die Homosexuelle einfordern.

Lesben und Schwule auf die Arche

13.05.2017

Gott hat abermals die Nase gestrichen voll von seinen sonderbaren Geschöpfen. Er plant eine verheerende Sintflut. Daher wird er zornentbrannt diesmal aber nur Lesben und Schwule auf einer Arche versammeln, nachdem er ihnen zynisch den Gedanken eingepflanzt hat: „Die Hoffnung stirbt zuletzt".

Bildung und Schule

Politiker wissen nicht, was sie da versprechen,

WELT vom 26.08.2017

Ich habe 1960 in Hamburg Abitur gemacht. Nur 6% eines Jahrganges schafften das. Heute sind es über 50%. Mein Vater war im Krieg gefallen. Ich wurde ALLEIN von meiner Mutter ERZOGEN. Das Geld reichte nur zum Nötigsten. Auch ohne ideale Chancengerechtigkeit waren also Schulerfolge möglich, nicht nur bei Vollstbetreuung des Staates. Schüler und Eltern sollten von Politikern darauf vorbereitet werden, dass ihnen keine „gebratenen" Leistungen in den Mund fliegen, sondern dass sie manchmal auch („blood,) sweat and tears" erwartet.

Schulabschlüsse und Gaussche Glockenkurve

17.05.2017

In unserem Land wird allgemein beklagt, dass nirgendwo die **Schul- und Bildungschancen** so **stark abhängig** seien **vom Elternhaus** wie in Deutschland.

Als ehemaligem Lehrer stellen sich mir **Fragen**, die bisher - soweit ich weiß - noch nirgendwo beantwortet wurden.

Wie hoch soll denn der Prozentsatz eines Jahrgangs sein der Elternhaus-abhängigen schwachen Schüler? Da möchte ich mal die Basisdaten der Statistik sehen.

Wie misst man den Vergleich zu anderen Ländern?

Welches ist das länderübergreifende Ziel, an dem die Erreichbarkeit gemessen wird?

Keine Schulpolitik wird es schaffen, 100% Abiturienten bei mittlerem Niveau aus einem Jahrgang zu zaubern. Einige Schüler werden schwach bleiben unabhängig von ihrem Umfeld. Man schaue sich da nur mal die **Gaussche Glockenkurve** an.

Friedenstherapien an einem Hamburger Gymnasium

Der Fall liegt schon lange zurück. Er zeigt aber modellartig Mentalitäten auf von deutschen Lehrern, pazifistischen Kirchenflüsterern, Friedensaktivisten und Antifaschisten auch für die Gegenwart.

Im Golfkrieg, als Saddam Kuwait zu annektieren versuchte, gab es an unserer Schule „Friedensprojekte". Die Gebäude waren vollgesprüht mit Graffiti, wie z.B. „Kein Blut für Öl", „Kapitalismus tötet". Die Schule wurde für kurze Zeit sogar als „Atomwaffenfreie Zone" mit einem großen Straßenplakat ausgewiesen.

Auch der unschuldige Direktor wurde beleidigt: „Haut dem X in die Eier!" Eine Stellwand wurde errichtet für persönliche Betroffenheitseinträge. Ein Lehrer (ich) versündigte sich an den Friedensaktivisten mit der Bemerkung „Wir machen nicht mehr in die Hose, jetzt greifen wir zur Dose". Dieser in der Tat verunglückte Beitrag führte zur finalen Verdammnis und zum Vorwurf eines Kollegen: „Es geht im Irak um Kinder!"

Der Protest gegen den Krieg weitete sich zur Groteske aus, als ein Physiklehrer in seinem verdunkelten Fachraum über eine bäuchlings am Boden liegende Religionslehrerin stolperte, die mit einer 7. Klasse zuerst Friedenstauben aus Papier bastelte, um dann mit ebenfalls auf dem Bauch liegenden Schülern für den Frieden zu meditieren. Der Physiklehrer verstauchte sich durch das Stolpern den Daumen und zwei Finger.

Mir kam das schon damals alles ein wenig „links-rot grün versifft" vor.

Friedenstherapien an einem Hamburger Gymnasium

20.04.2017

Der Fall liegt schon lange zurück. Er zeigt aber modellartig Mentalitäten auf von deutschen Lehrern, pazifistischen Kirchenflüsterern, Friedensaktivisten und Antifaschisten auch für die Gegenwart.

Im Golfkrieg, als Saddam Kuwait zu annektieren versuchte, gab es an unserer Schule „Friedensprojekte". Die Gebäude waren vollgesprüht mit Graffiti, wie z.B. „Kein Blut für Öl", „Kapitalismus tötet". Die Schule wurde für kurze Zeit sogar als „Atomwaffenfreie Zone" mit einem großen Straßenplakat ausgewiesen.

Auch der unschuldige Direktor wurde beleidigt: „Haut dem X in die Eier!" Eine Stellwand wurde errichtet für persönliche Betroffenheitseinträge. Ein Lehrer (ich) versündigte sich an den Friedensaktivisten mit der Bemerkung „Wir machen nicht mehr in die Hose, jetzt greifen wir zur Dose". Dieser in der Tat verunglückte Beitrag führte zur finalen Verdammnis und zum Vorwurf eines Kollegen: „Es geht im Irak um Kinder!"

Der Protest gegen den Krieg weitete sich zur Groteske aus, als ein Physiklehrer in seinem verdunkelten Fachraum über eine bäuchlings am Boden liegende Religionslehrerin stolperte, die mit einer 7. Klasse zuerst Friedenstauben aus Papier bastelte, um dann mit ebenfalls auf dem Bauch liegenden Schülern für den Frieden zu meditieren. Der Physiklehrer verstauchte sich durch das Stolpern den Daumen und zwei Finger.

Mir kam das schon damals alles ein wenig „links-rot grün versifft" vor.

Twitter-Sammlung 101

04.09.2017

#tvWahl Quatsch! Wie viel „Migranten-Gold" soll nach Europa kommen, um endlich dessen Wert zu erkennen, Herr Schulz?

#tvDuell Merkel gegen Schulz waren nicht besser als zwei Rhetorikschüler, die in einer englischen Uni eine controversia übten

#tvDuell Beide Kandidaten waren nicht auf der Höhe kontroverser politischer Philosophie

#tvDuell Deutschland ist OHNEZWEIFEL ein starker Magnet für Migranten. Orban muss sich in seiner harten Haltung bestätigt fühlen durch die Diskussion

#tvDuell Beide erklären die Abschiebung für fast unmöglich. Warum werden Migranten dann so großzügig ohne Asylrecht-gemäß-Dublin ins Land gelassen

#tvDuell Auch 95% der "friedlichen" Muslime können leicht zu Zeitbomben werden, wenn Manipulateure ihnen die "wahren" Suren zeigen.

#tvDuell Schulz: "95% der Muslime sind friedlich". Das ist zu wenig! Denn 5% Gewalttätige sind zu viel. Gibt´s bei Christen nicht!

#tvDuell "Merkel der Aal": sie sei keine "all-inclusive-Kanzlerin"mit Hü und Hott. Keine Schließung der Grenzen nach dem 4. 9. NUR aus Humanität, auch wegen öffentlicher Meinung und daraus folgend aus Machtkalkül.

Twitter-Sammlung 100

06.09.2017

#DasErste #Fünfkampf Wagenknechts Vorstellung, dass in ferner Zukunft keine Grenzen mehr nötig sein werden, gleicht der Einführung der Bergpredigt

#WiegehtsDeutschland Neben grobem #hatespeech gibt es auch einen sublimierten, beherrscht von Slomka, Maas, von der Leyen, und Hooligan-Zuschauern

#wiegehtsdeutschland Wer hat die Statistiken für das ZDF so plump gefälscht, Mitarbeiter der Bertelsmannstiftung?

#zdf #Deutschland Maas: "Gewalt beginnt im Kopf". Daraufhin haben ALLE Diskutanten, auch Zuschauer und Slomka, #Weidel fertiggemacht

#zdf #Deutschland Hinter allen Problemen: Polizei, Schulen, Kriminalität steht das Grundproblem der großen unbeherrschbaren Zahl von Migranten, die Deutschland mit kritisierbaren Gründen ins Land lässt

#schlagabtausch Gesinnungsethiker, wahre und vorgetäuschte, haben es bei Durchschnittsmenschen leichter als Verantwortungsethiker

#hartaberfair Anstatt Argumente der #AfD fair zu prüfen, hat immunschwache Medien und Politiker panische Angst erfasst wie vor Pest und Colera. Und sie können ihren schlummernden Hass nicht verbergen

Quicquid agas, prudenter agas et respice finem (Was immer du machst, mach es klug und *bedenke das Ende*) Das hat mit Physik gar nichts zu tun

#hartaberfair Merkel sollte den Vornamen "Angela" ändern in "Anguilla" (Aal)

#hartaberfair Wer als Politiker über soziale Gerechtigkeit faselt, muss mindestens den berühmten Gerechtigkeitsphilosophen John Rawls kennen

#DasErste #Fünfkampf Wagenknechts Vorstellung, dass in ferner Zukunft keine Grenzen mehr nötig sein werden, gleicht der Einführung der Bergpredigt

Twitter-Sammlung 99

27.08.2017

Und dann quoll aus dem Mund der hofierten Kopftuch-verhüllten **Konvertitin** die naive **Moral** von Gesamtschülern.

Intellektuelle Eierköpfe warnen vor Manipulationen von allen Seiten. Sie selber fühlen sich immun. Ich auch! Das ist ein Zeichen der Hoffnung.

Die **AfD** wird langsam als oppositionelles Pflänzchen gewertet. Nur für den Knallkopf Prantl/**sueddeutsche** ist sie weiterhin ein Giftpilz.

Wozu braucht man die **BertelsmannStudie** für „gelungene Integration", wenn es die Bundesagentur für Arbeit und das Statistische-Bundesamt gibt?

Entwicklungshilfe spielt für ökonomischen Erfolg und Migration keine Rolle. Beweis: asiatische Tigerstaaten. Allein Good Governance ist entscheidend.

BertelsmannStudie Die Schwemme volkspädagogisch begründeter Kommentare beleidigt meine Intelligenz und geht mir auf den Keks.

linksunten Indymedia Die Rechten haben Schuld, dass die „pazifistischen Linken" (Stegner) verzweifelt zu den Waffen greifen.

Der ISLAMISTISCHE Terror wandelt sich auch bei de Maiziere in „ISLAMTERRORISMUS"

Trump wechselt in rascher Folge seine Meinung. **#Merkel** braucht dazu etwas länger.

Die GroKo und andere zerstören Deutschland nicht bewusst, sondern aus Dummheit.

Fluechtlinge Werden in muslimischen Ländern eigentlich nur junge Männer verfolgt?

politiikka Sich „berufen" zu fühlen und den „Willen" zu haben, „etwas zu gestalten" genügt nicht für einen seriösen Politiker.

#Putin wäre dumm, wenn er nicht durch **Cyberattacken** versuchen ließe, solche Politiker zu behindern, die über **Russland** Unwahrheiten verbreiten.

#Merkel behauptet, sie habe 2015 durch Öffnung der Grenze eine „humanitäre Katastrophe" verhindert. Das Buch „Die Getrieben" von Robin Alexander beweist etwas anderes. Auch ihre Dieselverteidigung kommt zu spät, und für die **Energiewende** war auch Wahltaktik der Grund, und den **#Islam**„ kennt sie nicht.

Twitter-Sammlung 98

24.08.2017

Die finsteren Staaten des Islam sind wirtschaftlich zu mächtig, um ihnen als Politiker die Wahrheit zu sagen. Ist es das?

#Barcelona Das Schweigen zum Polit-Islam oder sogar seine Verteidigung durch kleine Lichter stehen im zornigen Widerspruch zu kompetenten Islamwissenschaftlern

#Barcelona Ich mag keine Kopftücher. Aber AUCH das Leid der Mütter der Barcelona-Terroristen ist herzzerreißend

#Wahl2017 #Meinungsumfragen Die Deutschen denken - mal dies, mal das Gegenteil. "Die Denke" ist aber eher das Werk von manipulierenden „Eliten".

#Barcelona Unsere Zeit islamischer Mörderbanden ist die Epoche, in der Verbrecher, -geistig-moralisch kurz oberhalb von Menschenaffen-, die Welt entsetzten. Mit Pawlow und Skinner lassen sich konditioniertes Verhalten von Menschenaffen und islamisch-radikalisierten Terroristen recht gut erklären.

Hat Göring-Eckardt wirklich zwei Semester an der UNI geschafft? Warum werden Argumente von Alice Weidel/AfD in die mediale Tonne getreten, während Göring-Eckardt und andere Grüne ungestraft bullshit verkünden darf?

#AfD Ich sympathisiere mit der AfD und anderen rechtskonservativen Gruppen allein schon deshalb, weil größtenteils Hohlköpfe sie diffamieren.

Die #AfD wird allmählich als kleines oppositionelles Pflänzchen in einigen Medien geschätzt. Nur dem Knallkopf Heribert Prantl/Süddeutsche gilt sie noch als ungenießbarer Giftpilz.

#Gruene Warum soll ich mich nach Meinung irgendwelcher Gurus an Dinge gewöhnen, die ich nicht mag, z.B. buntes #Migrantenchaos und Würmerburger.

#Sex 86% der deutschen Männer und 82% der Frauen bezeichnen sich in einer seriösen Studie als "Heteros". Das ist viel zu viel und muss geändert werden

Ich kann mir keinen deutschen #Putin -Kritiker als russischen Präsidenten vorstellen

Viele Studien erforschen die Verführungskräfte des **#Nazionalsozialismus**. Gibt es auch eine Verführungskraft zur alternativlosen Political Correctness?

Merkel hätte auch im heutigen Nordkorea die passenden Worte gefunden. Sie ist ein Wende-Rotor

#Barcelona . Mit Skinner lassen sich konditioniertes Verhalten von Menschenaffen und islamisch-radikalisierten Terroristen recht gut erklären.

Twitter-Sammlung 97

20.8.2017

Was bleibt den armen Muslimen an tieferem Glauben mit Alleinstellungsmerkmal , wenn sie auf Terror und Blödsinn verzichten?

Merkel ist die Personifizierung eines Potemkinschen Dorfes und ein Riesenausschnitt bei Wagner-Festspielen verschluckte das Tragische der Politik http://blog.politik-rakete.de/allgemein/merkel-die-personifizierung-eines-potemkinschen-dorfes.html …

#Barcelona Wo kann ich zusammen mit Seibert gegen den Terror „stehen"?

Versöhnung? Die EU will **#Orban** in Tours die "Karl-Martell-Medaille" überreichen

Die Nachkommen des Herostrat schlugen wieder zu. Der hat im 4.Jh. den Artemistempel von Ephesos in Brand gesteckt, um berühmt zu werden. Mehr als zerstören konnte er nicht.

"Islamismus" ist ein westliches Kunstwort. In islamischen Staaten kennt man nur den "Islam", der die Inhalte des Islamismus einschließt.

Der IS ist in Syrien und im Irak besiegt. Die verbreitete Meinung, dass der IS militärisch nicht zu besiegen sei, ist widerlegt geworden. Die falschen Meinungsgurus haben jetzt für andere Gebiete wieder ihre Meinung.

Angelas bauernschlaue Taktik http://blog.politik-rakete.de/politik/merkels-bauernschlaue-taktik.html ...

Welchen lebensnotwendigen Glauben glauben eigentlich Muslime? Mit Nietzsches "Gott ist tot" geht´s besser, aber auch schwerer. Wir müssen uns selber Sinn geben.

Warum schaffen es islamische Staaten nicht z.B. einen Röntgenlaser oder einen Teilchenbeschleuniger zu bauen und darin Arbeitsplätze für Terroristen zu schaffen.

#genderdiversity Kein Klo mehr für Mann oder Frau, sondern für "Was ihr wollt". Saubere Lösung: Penis, Vagina oder "Andere Ausgänge" als Orientierungshilfe an die Toilettentür anbringen.

Welche moralische oder ökonomische Verpflichtung besteht für Deutschland, mehr Flüchtlinge und Migranten aufzunehmen, als alle anderen Staaten Europas zusammen?

Zitat: "Zusammen sind wir stark. Das war die einzige gute Botschaft dieser Woche". Worin aber bestand die Stärke? Die Toten sind tot.

Versuchen wir es einmal mit einer "intrinsischen Abschreckung" für islamische Massenmörder, die um ihr Seelenheil fürchten müssen (vgl.ehemals katholische Kirchedie
-Bestattung verweigern (vgl.Kreon in Sophokles´Tragödie „Antigone")
-mit Schweinegülle besprühen

Twitter-Sammlung 96

18.08.2017

Welchen Nachweis kann das politische Establishment erbringen, dass angesehene Islamkritiker, z.B.Bassam Tibi, Argumentationsfehler begehen.

Merkel vorn und hinten. Wenn diese FDJ-Aktivistin, die in jeder Gesellschaft die „richtigen" Worte fände, Einfluss auf mein Leben hätte, das wäre das Ende.

Bisher widersetzen sich nur Outlaws dem linken "Geistesadel". Der sollte mal in seine Blase des humanitären Extremismus ein kleines Löchlein pieken.

Brexit UK soll bluten. Die EU will Rache als Abschreckung. Warum könnten nicht alle "Rosinenpickerei" betreiben?

Schülerinterpretationen sind bisweilen objektiv falsch. Die Quittung dafür bekommen sie durch Zensuren und Mitschüler. Bei **Politikern** und Medienvertretern ist das anders! Selbst größter Quatsch findet follower.

„Die Vernunft kann sich mit größerer Wucht dem Bösen entgegenstellen, wenn der Zorn ihr dienstbar zur Hand geht"(Gregor,der Große?)

Welcher moralische Unterschied besteht zwischen den Aussagen:"**Migranten** sind wertvoller als Gold"/"Deutschland verrecke" und Sympathien für **Identitäre** /schlagende Verbindungen?: Die beiden ersten Aussagen stammen vom linken intellektuellen „Geistesadel", letztere von „rechten Schmuddelkindern".

Ein Paradox: **Merkel** ist beliebt, obwohl sie keine **Populistin**" ist, d.h. dass sie "die Meinung des Volkes (gut oder schlecht)nicht berücksichtigt.

SIE sang im reinen Männerchor:"Die Liebe vom **Zigeuner** stammt". Danach gab´s Zigeunerschnitzel und Negerküsse. Später gingen alle auf eine **Moslemtoilette**, in der nicht nach Mekka gekackt werden darf.

Christina Wolf: "Merkel gehört nicht zu Deutschland"

Ich, PENIS-bewaffneter Heteromann, werde mir eine VAGINA bauen lassen - als Konstrukt des dominierenden gesellschaftlichen Mainstreams, nicht wegen biologischer Gründe.

Barcelona Die Behauptung ist verbreitet, dass sich terroristische Loosertypen von islamischer Ideologie angezogen fühlen. Daraus kann logisch gefolgert werden, dass sie mit dem Buddhismus nichts zu tun haben.

Um sicher zu gehen, schützt **Orban** die **Ungarn** vor jeglicher Form des Islam. Und siehe: das weltoffene Budapest ist sicherer als **Barcelona**.

Barcelona Beruhigend: Politiker sind "tief erschüttert" und "mit den Gedanken bei den Opfern". Terroristen könnten "westliche Werte nicht zerstören".

Twitter-Sammlung 95

12.08.2017

Aus der Zeit der Völkerwanderung im 5.Jh. gibt es keine Willkommensberichte der überrollten Ethnien.

Ich denke dies und das. Und ihr sollt auch so denken. Sonst mach ich Euch fertig. Frieden erst möglich, wenn alle im Kloster (claustrum)

Wenn **GöringEckardt** über das Ende des „Verbrenners" redet, kommt sie mir vor, als wenn ein Heilpraktiker über ballistische Raketen referiert.

Bitte Fakten! Wie hoch ist die Belastung der Luft ohne Diesel; ab wann besteht Gefahr; Beitrag des Diesel zur Luftverschmutzung.

Überall in Europa ist Platons „Philosophenkönig" in Form staatlich-wissender Eliten am Werk. Lenin hätte daran seine Freude.

Viele Politiker kommen nicht aus ihrer habituell-extremistischen Humanitätsblase heraus

Venezuela ist ein weiterer Beweis, dass im reinen Sozialismus die Regale immer leer sind.

Ulf Poschardt Verifizierter Account **@ulfposh**

Der **#Brexit** als ziemliches Desaster der Briten. „Dumm wie Hackfleisch" via **@welt** https://www.welt.de/politik/ausland/article167553504/Dumm-wie-Hackfleisch.html …

Brexit Die WELT ist keine arme Zeitung. Wie wär´s zusammen mit der hoffentlich misericorden EU mit einigen gesponserten Suppenküchen in UK?

Wahl2017 Vorschlag für Wahlkämpfer: 1.Nicht rumeiern: man könnte, sollte 2.Das will **ich** erreichen 3.Folgende Personen, Gesetze behindern mich 4.Meine Gegner waren politisch nicht „nachhaltig". Sie irrten sich in der Vergangenheit in folgenden Punkten

Burka Ab welchem Niveau „bedroht" islamischer Quatsch nicht nur den Öffentlichen Dienst, sondern auch die Vorstellung von toleranter Freiheit?

Sophia Thomalla müsste bitte mal Robin Alexander, Die Getriebenen lesen. Nicht so sehr Moral, sondern Machtkalkül(Furcht vor Meinungen) war Merkels Triebfeder.

Mit dem Oxymoron „dauerhaftes Provisorium" hat Lindner für Aufregung gesorgt. Es soll ein „Wandel durch Annäherung (Egon Bahr und die DDR) auch an Russland geben.

Keine Islamisierung? Ganz sicher aber gibt es eine tödlichere, weltweite, islamische Terrorisierung

Irre: Grenzöffnung ohne tieferen Sinn/Rechtfertigung für Islamquatsch und linke Gewalt/ Diffamierung von AfD und Jens Spahn/Energiewende für eine Kugel Eis!

Twitter-Sammlung 94

08.08.2017

lindner Tote an der Mauer! Trotzdem „Politik der Annäherung". Krim ist völkerrechtswidrig annektiert. Trotzdem Möglichkeit der Annäherung suchen

Es gibt zwar keine guten Gründe, eine **Islamisierung** zu leugnen. Aber man kann. Unmöglich ist es, eine tödlichere, weltweite, islamische Terrorisierung zu leugnen

Die Deutschen, die Burka und anderen islamischen Quatsch, sowie Massenzuwanderung tolerieren, haben natürlich auch kein Problem mit Windspargeln

Islamwissenschaftler behaupten, der **Islamismus** habe nichts mit **Islam** zu tun. Doch Messer, Bomben und Sicherungsmaßnahmen beherrschen die Welt. außer Ungarn

UEFAWomensEURO Die Nationalhymnen werden ein zentralistisches **Europa** verhindern

Wäre **Höcke** doch so sprachmächtig wie der Philosoph **Onfray**, der mit seinem Traktat „Decoloniser la province" Globalisierungsjunkys angreift

Fluechtlinge Verschiedene Gründe lösen unter ruhenden Rinderherden eine Panik aus. Genau Ähnliches passierte, als Merkel „Willkommen" rief.

Männer der Weltgeschichte haben den **Islam**, nicht den **#Islamismus** !, kritisiert, darunter Voltaire, Marx und Atatürk. Heute ist es verboten, sich diesen Genies anzuschließen

Die **Hetze** gegen die **AfD** und meine Sympathie für einige ihrer Ideen werden allmählich dadurch geadelt, dass die Kritik besonders von Blödianen stammt

Betrifft **Höcke** Ich bin für **Globalisierung**. Dennoch achte ich kürzlich entdeckte Eingeborene nicht so hoch wie Blaskapelle aus Erfurt/Thüringen

Früher beschrieben intellektuell beachtenswerte Schriftsteller Untergänge aller Art. Heute diffamieren Inkompetisten die Furcht vor einer Islamisierung

Die tägliche Medienserie „**Trump** gegen alle" ist Kosten neutral und witzig

Observer „Offenbar ist es heute so: Wer Flüchtlinge ertrinken lässt, handelt richtig"

Quatsch !!! Wer Flüchtlinge gar nicht erst ins Wasser lässt, handelt richtig. Denn dann könnten sie nicht ertrinken

Wer schützt mich vor **Radikalisierung**? Es gibt zwar keinen **Tempelberg**, aber dafür Berg von politischem linken, mittleren und rechten Quatsch

Frau Göring-Eckardt, was haben unsere Goldjungs nun schon wieder angestellt?

Twitter-Sammlung 93

Wer ist schon Merkel? Diese Frau anzuflehen, ihre Migrationspolitik zu ändern, ist würdelos. Änderung geht nur über Abwahl.

Falls irgendein islamischer Migrant einem Mitglied meiner Familie ein Leid zufügt, werde ich zum Michael Kohlhaas

Christen, bewaffnet Euch, tötet und vergewaltigt. Dann wird Eure Religion stärker ins Bewusstsein gerückt.

Auch Schulz denkt allmählich immer mehr „vom Ende her"

Özoguz sieht nett aus. Ist aber dämlich. Merkel ist die sympathische schwäbische Hausfrau. Richtet in D aber nachhaltigen Schaden an.

War es wirklich kein muslimischer Goldjunge, der in Konstanz Allah huldigte?

Zwei Weltanschauungen prallen aufeinander: No borders-no nations + Bergpredigt vs. borders und nations +Jesus im Tempel.

Jeden Tag gibt es in deutschen Medien: Mord, Totschlag, Vergewaltigungen durch Goldjungs. Wie im Gruselkabinett. Aber keine Abschiebungen und Kriminalität soll gesunken sein.

Waren die „Rebellen" in #Aleppo von anderer Art als die „Terroristen" in #Mossul. Medien haben das suggeriert

An die Besitzer von Burka- und Niqab-Trägerinnen: Für diese Stoffknäuel wären Keuschheitsgürtel doch passender: Klarere Sicht, Essen einfacher.

Kluge Politiker bedenken Folgen durch Logik und Erfahrung. Den weniger klugen müssen für Änderungen erst die realen Verhältnisse um die Ohren fliegen.

Beim IS kämpften BÜRGER aus vielen Ländern, sogar eine psychisch kranke deutsche Sechzehnjährige. Also war es ein BÜRGERKRIEG auch in Syrien. Assad hat „freiheits- und demokratieliebende" BÜRGER abgeschlachtet. Weg mit ihm! Brillanter Ersatz wartet auf Verantwortung.

Ein Kolumnist des „Figaro" fordert im Kampf gegen den AfD-Populismus mehr Bildung. Nun sind aber in dieser Partei Professoren. „Ungebildet"?

Wir haben eine „Komparativregierung": BESSERE Überwachung, SCHNELLERE Abschiebungen, EFFEKTIVERES Asylrecht usw.

Wer keine Leitkultur erkennt, z.B. Özoguz, soll mal deutsche Kleinstädte und Dörfer mit anderen in der Welt vergleichen.

Merkel: „Der Worte sind genug gewechselt. Hört endlich auf damit. Die Taten werden sich nicht ändern".

Twitter-Sammlung 92

Warum dürfen wir das **Christentum** kritisieren, den **Islam** aber nicht? Warum kommen **Muslime** in ein christlich geprägtes **Europa**?

Kinder in der **Grundschule** sollen mehr über **sexuelle Orientierung** erfahren, als ich mit 77 weiß. O tempora, o mores!

Sie schaffen´s nicht, Europa zur Festung auszubauen, weil zwei PolitWelten gegenüber stehen: no borders-no nations mit Bergpredigt vs borders+nations

Was wäre die Welt ohne diffamierte Kritiker. Auch die WELT ändert Begriffe: nicht mehr "Flüchtlingskrise", sondern "Migrationskrise" (aus Vorhölle)

In Deutschland zur Zeit der RAF waren viel weniger Tote zu beklagen

Oh, wie schön ist diese Welt, wenn überall die **linke** Sonne strahlt!

Warum wollen gerade teils abseitige **Minderheiten** ihr Sein und Sollen so aggressiv verbreiten?

Abschiebungen=möglich/Konsequentere Abschiebungen=**jetzt** möglich/Konsequenteste Abschiebungen= **fehlen noch** angesichts der Tragödien

Nun hackt doch nicht dauernd auf **Terroristen** herum. Die wollen doch auch ihren Spaß haben. **Merkel** schafft das schon.

Hat **Merkel** schon jemals Opfer oder Angehörige von **Terror** Anschlägen in Deutschland besucht + persönlich Beileid ausgesprochen? **#barmbek**

Falls **#Merkel** mich als Angehörigen eines Opfers besuchte, würde ich ihr in den Hintern treten. Genau diese Situation fürchtet sie.

Twitter-Sammlung 90

28.07.2017

Es gibt nicht nur „Seenot", sondern auch „Landnot", z.B. in Bangladesh. Auch die Menschen dort wollen gerettet werden. NGOs, holt sie

Heraklit: "Der Streit ist der Vater aller Dinge". Die vereinigten Etablierten müssten den Rechten dankbar sein. Oder wollen sie einen Transgender?

Und sie gebar einen Goldjungen

Die Grünen fordern Deutschkurse für Migranten ohne Asylchance. Ich fordere Segelkurse für bayrische Gebirgsjäger. Frischer Wind ist gesund

Sowie es alles Flüchtlinge sind, die nach Deutschland kommen, so sind es alles Populisten, die eine andere Meinung haben. Das ist unterkomplex-populistisch

Dürfen Vereinfacher, alias Populisten, das Urteil des EuGH in der heillos zerstrittenen EU-Asylpolitik kritisieren?

Blöde Idee?: Könnten Asylanträge nicht auf mehreren gut ausgerüsteten Hotelschiffen im Mittelmeer gestellt werden? Bei Ablehnung zurück

Twitter-Sammlung 90

25.07.2017

Mein Stolz und meine Mitleidsfähigkeit wären verletzt, wenn man mich als „hartherzig" bezeichnete, weil ich ungehinderte Zuwanderung kritisiere.

Die **Identitären**, diese rechtsextreme Schweinebande, wollen der Symbiose „Schlepper+NGOs" das Shuttle-Handwerk legen. Diese Idee haben sie von der CSU geklaut.

Es ist tröstlich zu sehen, dass einige Kommentatoren und die AfD (und Schulz) der aktuellen Politik um 2 Jahre voraus sind.

Wenn man sieht, wie sich Deutschland unter dem Terror einiger Migranten verändert, dann kann nur eine Vollidiotin gegen Obergrenze sein.

Es verstößt gegen mein religiöses Bewusstsein, dass Frauen sich so verhüllen, dass sie nicht mehr als Gottes Geschöpf erkennbar sind.

Der Anfang linker Gewalt: Henry, 5 Jahre alt, zertritt Blumenbeet der Tante. Vater: der ist kreativ. Graffitischmierer werden als Künstler verteidigt.

Fortsetzung: Die Chaoten sind sensible, hochintelligente Opfer, die unter dem „System" leiden. Für die RAF gab´s ähnliche Entschuldigungen.

Die übertriebenen Diskussionen um Sexismus männlicher Ferkel gehen mir auf den Keks. Daher konvertiere ich jetzt zum Sexismus. Dirndl nebst Inhalt gefallen mir noch mehr.

Die Erklärungsversuche zur dumpfen Gewalt in HH, finden ihren intellektualistischen Höhepunkt in metaphysischen Deutungen, die für Chaoten erst Sinn stiften.

#AydanÖzoguz sieht auf Plakaten nett und freundlich aus. Durch diese Fassade wird aber kaschiert, dass sie auch dumm und doof ist.

Ich kann Einsteins Allgemeine Relativitätstheorie erklären, aber die Politik der offenen Grenzen bleibt mir ein Rätsel.

„Linke" Gewalt als „gute" Gewalt wird erst kurz vor Ewigkeit enden, weil noch kein Irdischer einen Idealstaat fand.

„Empirische" Logik:
1.Tatsache: Millionen **Migranten** aus Afrika wollen nach **Europa**
2.Tatsache: Europa kann nicht alle aufnehmen
1.Folgerung: Arbeit in Afrika schaffen. Das dauert mehr als 100 Jahre, zumal für eine Gesellschaft, die sich explosionsartig vermehr
2.Folgerung: Abschottung!

#Rechtsnational und **Konservativ** haben keine Lobby in Europa. **Orban** und früher **Haider** sind Ausgeburten der Hölle Auch1999 wurde Europa hysterisch, weil die FPÖ in die Regierung kommen sollte

Merkel will die Welt verbessern, und in Deutschland geht´s seit ihrer Flüchtlingspolitik auf vielen Gebieten skandalös bergab.

Es wird Verständnis angedeutet, wenn man das „kriminelle", weil „reiche" Blankenese terrorisiert hätte. Warum aber gibt es kaum Reiche in der Schanze, aber Kriminelle?

#G20HH2017 Wo haben wir früher Äpfel geklaut? Nicht dort, wo ein scharfer Hund wachte. Wo verbreitet sich der versiffte linksgrüne Radikalismus?

Twitter-Sammlung 89

14.07.2017

„Wahre" Linke richten Staaten zugrunde, wenn sie ohne konservatives Korrektiv regieren

Es gibt zu viele Schwupols, Lespols und vor allem Polnokis (politician no kids) im Bundestag. Mein Urteil über Amish oder über Essgewohnheiten von Inuits wäre auch gefärbt.

#gender Ich habe meiner Enkelin (4) eine Maschinenpistole und eine Panzerfahrt in Munster geschenkt und meinem Enkel (3) zwei Puppen.

„Logik" von Stegner und weiteren Genossen: Der Kommunismus ist nicht links, denn er übt Gewalt aus und hat 80 Millionen Tote zu verantworten.

Mit wenigen Ausnahmen(z.B. Ungarn, Österreich) wird Merkels „Willkommenskultur" gelobt (z.B. von Uno-Vertretern der Fidschi-Inseln) Selber aber lieber eine „Vernunftkultur" nicht!

Hamburg reinigt nicht nur die Straßen. Denn nach der Katastrophe warnen nun endlich auch andere als @schroeder_k vor einer Verharmlosung linker Gewalt.

Wenn Seyran Ates, Gründerin einer liberalen Moschee, doch Angst um ihr Leben hat mit Personenschützern, dann bin ich auch „islamophob".

Der Islamismus hat mit „dem Islam" nichts zu tun (mit welchem Islam?).Gewalt hat mit „der Linken" nichts zu tun (mit welcher Linken?)

Im Begriff „Rechts"-staat kann „rechts" nicht diffamiert werden

#Aleppo In #Mossul wurden Fachkliniken, Schwesternheime und ein Kinderkrankenhaus bombadiert. Hatte der „Schlächter" seine Finger im Spiel?

Will Trump den Planeten im Höllenfeuer vernichtet sehen? Oder folgt er der Behauptung von Wissenschaftlern, dieSonne, nicht CO2 sei hauptverantwortlich für den #Klimawandel.

Interessant wäre eine Eigendefinition des Schwarzen Blocks und anderer Gewalttäter.

Für falsche Politik kann keine Solidarität eingefordert werden
http://blog.politik-rakete.de/politik/1069.html ...

Stereotyp der Linken: „Die Sache eskalierte, als der andere (Polizei) zurückschlug"

Behauptung: AfD ist unwählbar. Nun gut, eine Funktion hat sie doch. Auch die Schill-Partei galt als unwählbar, stärkte aber die wehrhafte Demokratie.

Variatio delectat: Nicht mehr der common sense setzt sich durch, sondern der common nonsense... „kurzfristig" ist mit Hegel zu hoffen.

Twitter-Sammlung 88

09.07.2017

Will Trump den Planeten im Höllenfeuer vernichtet sehen? Oder folgt er Wissenschaftlern, die behaupten, nicht CO2, sondern die Sonne sei hauptverantwortlich für den Klimawandel?

Stegner behauptet, dass die Gewalttäter nicht links seien. Interessant wäre deshalb die Eigendefinition des Schwarzen Blocks und anderer Gewalttäter. Ist auch niemand rechts, der so barbarisch mordet wie der NSU?

Für falsche Politik kann keine Solidarität eingefordert werden
http://blog.politik-rakete.de/politik/1069.html ...

Der IS bekennt sich zum Anschlag auf Hamburg

Welchen Ruck hätte Stegner denn gern: Linke verursachen Rechtsruck oder (mit derselben Logik) Rechte verursachen Linksruck.

Hamburg hat schwer gelitten, nicht unter islamischen Terroristen, sondern unter linken Horden und deren Sympathisanten

Der Nährboden für die Zerstörungslust liegt in den linksextremen, von rot-grünen Regierungen gehegten Biotopen.

Wenn man das Aufheulen bedenkt, wenn geduldete linke zerstörerische „Projekte" auf die Rechten zu übertragen, dann wird der ganze links-geistige Mainstream enthüllt.

Stereotyp der Linken: "Die Sache eskalierte, als der andere (die Polizei) zurückschlug"

Zum Glück haben sich die linken "Aufgebauschten" (Meinung von Schwesig) in HH zurückgehalten. Aber man weiß endlich, welche Ziele sie haben (Lust an der Gewalt)

Variatio delectat: Nicht mehr der common sense setzt sich durch, sondern der common nonsense..."kurzfristig" ist mit Hegel zu hoffen.

Intellektuell restringierte Linksextremisten und Schwarze Blöcke gibt´s nicht nur draußen auf den Straßen, sondern auch in deutschen Unis und bei Gaffern

Gegen doofe Regierungen sind selbst Milliarden von Entwicklungshilfe ohne Chance

Wollen etwa Hartz-IV- Empfänger unter den Demonstranten den Kapitalismus abschaffen?

Warum unterdrückt man mit 20.000 Polizisten die Demonstranten. 2.000 Pastoren mit Käßmann an der Spitze hätten deeskalierend gewirkt.

Twitter-Sammlung 87

05.07.2017

#Trump #USA21 Nicht die „religiös Verfolgten" sind eine Gefahr für die USA, sondern die „religiösen Verfolger". Der supreme court hat das bestätigt.

„Kritik zu äußern" ist nach Meinung einiger „Ärzte" eine Krankheit. Wer nämlich Islam-"kritisch" ist, der ist **islamo-„phob" im Endstadium.**

Arbeitskreis #Abstammungsrecht: Genetische Vater- u. Mutterschaft ist obsolet. Bei Manipulationen mit Sperma und Eizelle könnten aber ungewollt Monster entstehen

#Migranten #Merkel #Wulff Nur das ist die Wahrheit: Die Islamisten gehören zu Deutschland

#AfD #SPD Es gibt einen Begriff, bei dem „rechts" nicht diffamiert werden kann: „Rechts"-staat

#SPD #DieLinke Christen sind überzeugt: „Was Mein ist, sei auch Dein". Linke und Halblinke wählen die Umkehrung: „Was Dein ist, ist auch Mein"

#Trump Ist Trump der Caligula der Neuzeit, der sein Pferd zum Senator ernannte und sein Heer zum Muschelsammeln schickte?

#Ehefüralle „Gott ist zornig über seine Geschöpfe. Er will eine 2.Sintflut schicken. Horst, der Kapitän, darf nur homosexuelle Paare aufnehmen." **So zornig ist Gott**

#ConfedCup: St.Petersburg und #Sotschi sind viel zu schön für #Putins Russland. Arme Städte und Menschen würden viel besser zu ihm passen.

#Merkel #Kohl Man schießt seinem Förderer nicht in den Rücken und bedankt sich dann „als moralische Instanz" überschwänglich an seinem Grab.

#Ehefüralle Ich bin schon recht alt (77), aber ich stelle mich einem Homopaar als Adoptivsohn zur Verfügung, wenn´s zu ihrem Glück beiträgt

#maybritillner Homo- u Heteroverbindungen sind nicht gleich. Diese Ungleichheit hat auch unterschiedliche Bezeichnungen verdient

#Ehefüralle „Da fragt doch ein Naivling: „Was ist normal? Was ist natürlich?" Der Sophist antwortet: „Alles! Das kann ich auch begründen."

Mit #Ehefüralle werden endlich alle „normal"

#Islam Friedrich Nietzsche hatte Unrecht: Gott ist nicht tot. Allah ist der Größte! Koran, Moscheen, Islam, Popos von Muslime beherrschen uns.

#Ehefueralle Ich will meinen Bernhardiner heiraten, weil ich ihn liebe und Verantwortung übernehmen möchte, wie er für mich.

Ich, der „Bösmensch" Dieter, werde von Zeit zu Zeit meinen Senf zu Themen der Gegenwart in **Kurzform veröffentlichen.**

Twitter-Sammlung 86

21.04.2017

Terror hat nichts mit „dem #Islam" zu tun. Interpretiert man aber die ideologische Basis von #IS oder #AlNusra, dann kann man nicht auf Buddhismus schließen.

Ohne Hilfe #Putins und des #Iran wäre #Assad nicht mehr in der Lage gewesen, Krieg zu führen. Richtig! Aber wer hätte dann gesiegt?

Der „Ethnologe und Verfassungsexperte" Kardinal #Woelki unterstützt die Flüchtlingspolitik von Merkel. Frage: Welche? Die von gestern oder von heute?

#Schulz Der „Ökonom" Kardinal R.-"Karl" Marx unterstützt **Martin** Schulz in der Debatte um Steuern und soziale Gerechtigkeit.

Warum-Fragen ohne plausible Antworten
https://cevenoleblog.wordpress.com/2017/04/11/warum-fragen-ohne-plausible-antworten/ … via @cevenole1

#Assad Welche Entscheidungen westlicher Politiker sorgen dafür, dass Syrien nicht zum zweiten „Libyen" wird?

#annewill Sicher ist: mit 59Tomahawks hat **#Trump** das Weltgewissen beruhigt und Menschenrechte verteidigt. Wollte Assad mit Giftgas das Gegenteil?

#annewill #Assad hat nicht 400.000 Syrer „abgeschlachtet"(v. d. Leyen). Sie sind getötet worden im Kampf, den man fälschlich „Bürgerkrieg" nennt.

Die Kritik am **#Islam** fällt gegenwärtig so mäßig aus, weil es keine Menschen von Bedeutung wie Voltaire, **#Atatürk**, Churchill, C. J. Jung u.a. gibt.

#Syrien Theorien: Trump, selber Großvater und von Mitleid mit toten Kindern überwältigt, lässt 59Tomahawks als „Vergeltung" (wofür?) in die Wüste feuern.

#AfD Deutschland ist „links-rot-grün-versifft
http://blog.politik-rakete.de/allgemein/links-rot-gruen-versifft.html …

#Syrien #Chanscheichun Überall zu hören und zu lesen:"mutmaßlicher" Giftgasangriff von Assad. Schießen die USA erst und fragen dann?

Wir werden an der Nase herumgeführt?
http://blog.politik-rakete.de/allgemein/wir-werden-an-der-nase-herumgefuehrt.html … **#Politik #Trump #Erdogan #Putin #Merkel**

#Phoenixrunde Populisten sind Politiker, die dem Volke zum Munde reden, ohne deren Meinung zu sein. Alle anderen haben gegensätzliche Ansichten.

#AfD Am Anfang von Gewalt stehen Worte und Reden. Das galt bisher nur für rechte Gewalttäter. Wer verantwortet 50.000 Demonstranten mit Hunderten von Gewaltbereiten beim AfD-Parteitag?

#Syrien Vorwurf an Assad und die Russen: Sie betrachten alle Oppositionellen als Terroristen: Achrar-al-Scham, Al Qaida, IS, al-Nusra,- solche feinen Menschen!

Twitter-Sammlung 85

21.04.2017

#Islam Terroristen begründen ihr Handeln einseitig mit Suren, die Gewalt **fordern** und loben. Die Barmherzigen hingegen verleugnen ihre bösen Brüder.

#Ideologie Linke müssen geschwollen intellektualistisch diskutieren, bevor sie töten. Rechte brauchen diesen Umweg nicht.

#Köln Geistige Brandstifter, Zündler und Schreibtischtäter des Mainstreams dürfen sich über 50.000 Demonstranten und Gewalttäter freuen.

#Islam Fröhliches, tolerantes Multikulti wird verraten durch islamischen Terror und intolerante Communities und Politiker ohne islamisches Wissen.

#Politik #Pazifismus #AfD - „Links-rot -grün-versifft" vor 14 Jahren an einem Hamburger Gymnasium: http://blog.politik-rakete.de/allgemein/friedenstherapien-an-einem-hamburger-gymnasium.html …

#Syrien Attentäter von Damaskus waren als Helfer verkleidet. 120 Menschen wurden getötet. Aber „unklar", wer den Anschlag verübt hat. Vermutung: Es waren Putin und Assad.

#AfD Rechts ist kein Verbrechen, obwohl der Mainstream und die 50.000 erwarteten Demonstranten in Köln wohl dieser Meinung sind. Aber auch linke Dummheit ist kein Verbrechen.

Özdemir fiel Integration - wie anderen Nationalitäten auch - nicht schwer. Vielen anderen Türken aber schon. Grund: Zu viele problematische Moscheen und **Erdogan** für Restringierte.

Überall SPALTUNGEN der Gesellschaft: USA, Frankreich, Deutschland, UK, Polen, Türkei, Venezuela. In Ungarn bleibt es relativ ruhig.

Kampf um Mossul bringt informativen Mehrwert. Die Grausamkeit und Heimtücke des IS gegen Zivilisten wird offenbar - wie in Aleppo!

Für **#merkel** „Lesen gefährdet die Dummheit", mit Grüßen vom „Propheten" Sarrazin.

#CDU #Syrien Altmaiers (CDU) mangelhafte Beweisführung gegen Assad https://cevenoleblog.wordpress.com/2017/04/15/altmaiers-cdu-beweisfuehrung/?iframe=true&theme_preview=true … via @cevenole1

#Schulz Vom Tellerwäscher zum Millionär(USA).Vom Schul- und Universager in die große Politik(D). Pädagogische Erklärung: Alles Spätentwickler.

Terror „ohne Islam" ? http://blog.politik-rakete.de/politik/terror-ohne-islam.html … **#Islam #Terror**.

Warum ? - Wahrheit nur bei Geheimdiensten ? http://blog.politik-rakete.de/politik/giftgasangriff-auf-chan-scheichun.html … **#Assad #ChanScheichun #USA #Russland**

#Tillerson zum Giftgaseinsatz: „Entweder ist **#Russland** mitschuldig oder...war schlicht inkompetent": „...oder sagt die Wahrheit" (Dieter Rakete)

Twitter-Sammlung 84

02.03.2017

#Schulz Erschreckend an den 100 Prozent für Schulz war, dass nichts gefälscht wurde.

#hartaberfair Asselborns Meinung, Außenminister eines Zwergstaates, zur EU ist bekannt. Bitte mal austauschen gegen den Tschechen Karel Schwarzenberg.

Tote in West-Mossul https://cevenoleblog.wordpress.com/2017/03/28/tote-in-west-mossul/?iframe=true&theme_preview=true … via @cevenole1

#Mossul **#Aleppo** - Parteiische Berichte verfälschen die Realität: http://blog.politik-rakete.de/politik/zitate-die-andere-meinung-zu-syrien-1.html …

#Brexit Verlässt UK aus Dummheit eine genial konstruierte Gemeinschaft oder aus berechtigter Kritik?

#Amri Kopfjäger oder Friedensengel? Ich kenne keine Umfrage in islamisch regierten Ländern, ob der **#Islam** überhaupt friedlich sein will.

#Lügenpresse Journalisten sollten sein wie Richter: Wahrheitssucher zwischen Staatsanwalt und Verteidigung.

Soll Syrien ein islamischer Staat werden https://cevenoleblog.wordpress.com/2017/03/31/soll-syrien-ein-islamischer-staat-werden/ … via @cevenole1

#AfD Kampf gegen Rechts ist sozial erwünscht. Es hat ja Hitler gegeben. Kampf gegen Links schwächelt. Es hat aber Stalin gegeben!

#AfD Wieso kann ich nicht glauben, dass ungeregelte Einwanderung eine „Chance" ist und der Islam Frieden bedeutet?

#AfD Warum soll ich Politikern vertrauen, die sich in der Vergangenheit häufig irrten. Es gibt ja genug, die frei von Irrtümern sind.

#Islam **#AfD** Zum Glück gibt es Islam kritische Stimmen in Europa. Sonst wären die islamischen Islamisten noch größenwahnsinniger als bisher und die Probleme nicht nur für Islamophile noch viel größer.

#Schulz **#Lafontaine** Wie viel Gleichheit müssen und wie viel Ungleichheit können wir uns leisten? http://blog.politik-rakete.de/politik/wie-viel-gleichheit-muessen-und-wie-viel-ungleichheit-koennen-wir-uns-leisten.html …

Die **#AfD** will ihren Parteitag in Köln abhalten. Das ist schlau. Aber sie bleiben unverbesserlich rechts und intolerant gegenüber sexuell frustrierten Höllenflüchtlingen.

#AfD Prof. Collier vertritt in seinem Buch „Gestrandet" Positionen von vernünftigen AfD-Politikern. Damit brachte er es - unglaublich, aber wahr - zum Berater der Bundesregierung.

Twitter-Sammlung 83

#Schulz Politkomödie a la Deutschland!:mit Haupt-,Nebendarstellern und Knallchargen. Theaterkritische Medien beurteilen nur die „Performance", Inhalte sind unwichtig.

#Schulz Es besteht der Verdacht, dass der Mann aus Würselen den Unterschied der gegensätzlichen Gerechtigkeitstheorien(Aristoteles vs Hobbes u Kant)nicht kennt

Für #Schulz ist nur Verteilungsgerechtigkeit (Zuteilung durch „Experten") gerecht, nicht aber die liberale Marktgerechtigkeit (Zuteilung frei ausgehandelt).

Viel wird geredet und leidenschaftlich gestritten um Finanzhilfen an #Griechenland. Geld floss bisher immer. Es wäre also besser, Geld zu geben ohne Gerede.

Die Stimmen, die #Europa zu einer „Festung" ausbauen wollen(wie Orban),werden lauter. Denn Europa ist die einzige Weltregion ohne sicheren Grenzschutz. Aus dieser Festung heraus können größere Wohltaten erbracht werden als innerhalb.

#Trump u #Fillon sollen über Mittelsmänner Kontakt mit #Putin, dem Unberührbaren, gehabt haben, was im Westen bis jetzt als Politverbrechen gilt.

Ist es möglich, dass #Erdogan Nachfahre der von Osmanen durch beabsichtigte Inzucht zwangsverblödeten Pontusgriechen ist?

#Erdogan #Putin Warnungen, dass den Demokratien, die anderen Staatsformen weit überlegen sind, das Totenglöcklein läutet, sind maßlos übertrieben.

Der erschreckende Realitätsverlust von ERDOGAN: http://blog.politik-rakete.de/politik/die-tuerkei-in-ihrem-lauf-halten-weder-kamel-noch-hammel-auf.html ...

#Merkel - Merkel übertrifft Circe? http://blog.politik-rakete.de/allgemein/circe-und-merkel.html ...

Ist der „Bekenner" krank im Kopf? http://blog.politik-rakete.de/politik/confessio-bekenntnis.html ...

Der „Schlächter" #Assad soll mit #Putin den #IS in #WestMossul im US-Kampfjet angegriffen haben mit vielen zivilen Toten. Und aus der Stadt konnten trotz Beschuss durch den IS bereits 200.000 fliehen. 400.000 bleiben als Schutzschilde des IS in West-Mossul. Laut Medienberichten muss das in Ost-Aleppo anders gewesen sein mit einem menschlicheren IS.

#Putin soll abgehört worden sein. Er hat einem geheimen westlichen Politiker gesagt: „So schlimm wie **#Trump** bin ich doch nun wirklich nicht".

Ist Allah nur Gott der **#Islam** -Gläubigen, oder beschützt er auch ohne Wutanfälle zu bekommen in großer Gnade die Ungläubigen, z.B. Frauen ohne Kopftuch?

Twitter-Sammlung 82

20.03.2017

#Aleppo Zum 6.Jahrestag der syrischen Rebellion haben die „Rebellen" mit Anschlägen in Damaskus eindrucksvoll bewiesen, dass **#Assad** ihrem Frieden misstraute

#Erdogan Die #Türkei in ihrem Lauf halten weder Kamel noch Hammel auf

#maybritillner Erdogan beleidigt einen ganzen Kontinent. Die Vermutung dahinter: Er braucht den äußeren Feind(gr.exothen phobos /lat.timor externus) für den Referendums-Sieg. Daher sei es kluge Politik, ihn und sympathisierende Türken nicht zu reizen. Die Wahrheit aber bleibt: Er ist ein Psychopath wie Hitler. Den wollte Chamberlain auch nicht reizen.

#Flüchtlinge Nur wer hochmoralische Politik vertritt, scheint ein guter Mensch zu sein https://cevenole.blogger.de/stories/2634382/ …

Kommentar über eine virtuelle Heroine: #Merkel sei „Opfer des kommunistischen Regimes"(ach!) und nach Flüchtlingsaufnahme die „moralische Anführerin" des Westens (vgl aber das Buch von Robin Alexander)

#Elite Von Kleindoofi zum Stultokraten, Inklusionisten, Genderisten, Früh-Sexualisten, Moralisten, Pazifisten, Kommunisten

Welchen Nachteil hätte es, wenn #Europa #Flüchtlinge aus Nahost und Afrika reduziert und das freiwerdende Geld in europäische Jugendarbeitslosigkeit investiert?

#WestMossul, beherrscht vom IS, wird von Irakern und USA angegriffen mit völlig zerstörten Stadtvierteln und vielen Flüchtlingen. War es in #OstAleppo, befreit von Assad und Putin, anders?

#AnneWill Für Politiker des Establishments sind Populisten alle diejenigen, die eine oppositionelle Meinung vertreten.

#AnneWill Populisten sind Politiker, die sich nach der Meinung des Volkes richten, ohne davon überzeugt zu sein. Davon gibt´s links und rechts viele.

#AnneWill Von Mitte-Rechts bis Rechtsaußen - überall Schweinehunde! Nur links geht´s zum Paradies des Weltbürgers.

#AnneWill Diplomatie, die auf sog. Interessen und sog. Vernunft „klug" beharrt und glaubt, dass das ein genialer Gedanke sei, lässt Zweifel an der Berechtigung von „populistischem" Zorn, Wut und Empörung aufkommen

#Schulz will gegen „Feinde der Freiheit" kämpfen. Wer „Medienfreiheit" beschneide sei undemokratisch."Meinungsfreiheit" aber geht gar nicht: AfD sei Schande für Deutschland

Für #Schulz ist nur Verteilungsgerechtigkeit (Zuteilung durch „Experten") gerecht, nicht aber die liberale Marktgerechtigkeit (Zuteilung frei ausgehandelt)

Twitter-Sammlung 81

15.03.2017

Instrumentalisiert #Erdogan die Eskalation taktisch schlau für seinen Wahlsieg? Vielleicht. Sicher aber ist: der ist von Natur aus verrückt.

Ich könnte mich von #Erdogan beleidigt, in meiner Würde verletzt, in meinem Stolz gekränkt fühlen, aber Kranke sind nicht satisfaktionsfähig.

Tatsache: Dänen u Schweden demonstrieren anders als viele Türken und Araber. Letztere „verdienen" in ihrer ungestillten Wut Typen wie #Erdogan.

#Populismus Wie nennt man das Gegenteil von Populismus?

Mal was anderes! Millionen von Syrern mussten #Syrien verlassen. Nicht immer waren die Bomben des Regimes der Grund dafür, sondern der Horror des IS.

Ist man dann, wenn man #Unisextoiletten, alle Formen sexueller Prägungen oder #Genderwahn akzeptiert, „tolerant" oder „liberal"?

#hartaberfair Türken leiden an krankhafter Geltungssucht, bestärkt durch den Islam, klagen über gefühlte Missachtung. Erdogan ist für zu viele der allmächtiger Heiland.

#hartaberfair Deutsche bejubelten auch den „Größten Führer aller Zeiten"(GröFaZ) als Erlöser aus dem Jammertal zu lichten Höhen der Deutschen.

#hartaberfair Sind viele Türken zu doof für Integration?

#Aleppo #Syrien Neuerdings werden Opferzahlen für Syrien gemeldet ohne Verantwortliche zu benennen. Anfänglich war´s Assad allein, jetzt keiner. Das macht skeptisch.

#Erdogan u. a..Bei der Einschätzung von verrückten Politikern als clevere Taktiker könnten wir uns demnächst Nachschub aus Psychiatrien holen.

#HeikoMaas Wieso werden Äußerungen von #Erdogan nicht als Hetze, hate-speeches oder #FakeNews mit Millionen von Euros bestraft?

Nun sucht der schlaue Teufel #Putin auch in #Libyen seine Interessen gegen eine „interessenlose" EU durchzusetzen u vielleicht Frieden zubringen.

Befürchtet wird, dass das Urteil des #EuGH Musliminnen den Zugang zum Arbeitsmarkt erschweren könnte. Lösung: Kopftuch ab! Das würde Allah gefallen. Als Buddhist bewerbe ich mich ja auch nicht in rosa Kleidung bei Aldi.

Twitter-Sammlung 80

12.03.2017

Mossul und Aleppo https://cevenoleblog.wordpress.com/2017/03/06/mossul-und-aleppo/ … via @cevenole1

#Ungarn sollen wg seiner Flüchtlingspolitik EU-Gelder gekappt werden. Dabei müssten die Zahlungen erhöht werden wg #Orbans Verhinderung kostspieliger Flüchtlingsströme.

#spd Endlich Klarheit, woher die vielen #Schulz -Wähler kommen. Sie schreiben Schulz Kompetenzen zu, die sie gar nicht kennen können.

Wenigstens für ihre Diffamierung der #AfD wg deren realistischer Flüchtlingspolitik muss sich #Merkel und Follower bei dieser Partei entschuldigen.

#maybritillner #Schulz kommt mir so vor wie ein Ptolemäus redivivus, der Gerhard Schröder-Kopernikus ablösen will.

#maybritillner Für #Schulz ist nur Verteilungsgerechtigkeit gerecht (Zuteilung durch „Experten"), nicht aber die liberale Marktgerechtigkeit (Zuteilung wird frei ausgehandelt).

#DenizYucel ist kein fairer Journalist sine ira et studio. Sein Gehirn brütet auch unmoralische Sätze aus https://cevenole.blogger.de/stories/2633485/ …

#Populismus Die Behauptung, ein Baby könne über den Atlantik schwimmen, provoziert keinen logischen Widerspruch https://cevenole.blogger.de/stories/2633488/ …

#Erdogan Holland wendet türkisches Gesetz an: kein Wahlkampf im Ausland: Landeverbot. Erdogan solange reizen, bis er mit der Axt kommt.

#eliten Eine schreckliche Erkenntnis: Menschen sind gar nicht vernunftbegabt. Viele -auch die Schäfer- brauchen einen klugen Schäferhund.

#Erdogan Wir brauchen einen Spielfilm mit dem Titel: „Adolf Erdogan, Der große Demokrat" als Satire auf den türkischen witzigen Nationalismus.

Der #Brexit mag wirtschaftliche Nachteile bringen. Diese werden für viele aber kompensiert durch das Hochgefühl, selber wieder mitbestimmen zu können.

#Syrien Viele Tote bei Terrorakt in Damaskus. Waren es die Todesschwadronen des schlauen „Schlächters", um von anderen Verbrechen abzulenken?

Twitter-Sammlung 79

06.03.2017

Die alternativlosen Befürworter bekannter Probleme, z.B. #Merkel und #Juncker, gehen jetzt alle in Richtung ihrer schon vorher klugen Kritiker.

#Syrien Di Mistura, UNO-Gesandter für Syrien, musste die Wahrheit bekennen: Die terroristischen Selbstmörder von Homs wollten Friedensprozess stören. Assads Soldaten waren beim schlechtesten Willen nicht beteiligt.

#Dresden Fabritio Quattrocchi sagte vor seiner Ermordung durch islamische Terroristen: „Jetzt werdet ihr sehen, wie ein Italiener stirbt". Er verdient 6 Busse!

#Schulz behauptet eine Gerechtigkeitslücke. Es ist eine gefühlte Lücke und kein Faktum. Also: Wenn das Volk darauf reinfällt, ist es so blöd wie Schulz meint.

#Schulz Politiker kalkulieren-legitim-schlau mit der vorhandenen Dummheit des Volkes - oder sind selber -Gauß lässt grüßen- natural born idiots.

#Dresden #Aleppo #Mossul Forderung: Auch drei Busse für Mossul. Denn auch diese Stadt wird zerbombt und Menschen fliehen.

#Bildung Jeder 8. ausländische Schüler ohne Abschluss! Vorwurf: Lehrer sind für dieses Problem nicht ausgebildet. Tatsache: Für solche Massen gibt es keine Ausbildung.

#Syrien #Aleppo Ist es „Bürgerkrieg" in Syrien zu nennen, wenn Tausende von ausländischen Dschihadisten beteiligt sind?

#Merkel handelt mit „Hausfrauenjargon" nach dem Axiom: actio gleich reactio. Ein allgemeines Gesetz und seine Folgen kann sie nicht formulieren.

Merkels Internationale
https://cevenoleblog.wordpress.com/2017/03/03/merkels-internationale/ ... via @cevenole1

Linker Hassmob versuchte in Lübeck, eine Veranstaltung der #AfD zu verhindern."Freiheit aber nur beschränken", wenn Aufruf zu Gewalt (WELT)

#Luther #Islam und Christen sind „Geschwister, die sich näher sind, als ihnen oft bewusst ist"(M. Hein, Bischof).Auch der Marxismus war nach Meinung einiger Kirchenvertreter schon mal Verwandter.

#Türkei Regierung: Innertürkische Konflikte dürfen nicht in D ausgetragen werden. Warum gilt Gleiches nicht auch für innerislamische Probleme?

#Erdogan hat mit seinen Aussagen und seiner vermummten Frau ein Problem im Kopf. Aber aggressiv Verrückte darf Diplomatie leider nicht reizen!

#Erdogan Türken! Warum seid ihr eigentlich im liberalen demokratischen Deutschland, wenn ihr das, was Erdogan will, unterstützt?

#Mossoul #Aleppo Das erste Opfer des Krieges ist die Wahrheit
https://cevenole.blogger.de/stories/2632769/ ...

Doofe sagen:#Flüchtlinge sind Gold, Geschenke, Grundlage für Wirtschaftswunder. IW-Köln erkennt: Flüchtlinge senken Bildungsniveau und erhöhen den Anteil des Niedriglohnsektors.

Antworten

Twitter-Sammlung 78

27.02.2017

Über #Soziale Gerechtigkeit haben nachgedacht: Platon, Aristoteles, Hobbes, Kant, John Rawls und der civis academicus #MARTINSCHULZ

Ich verlange von #Schulz aus Gründen der sozialen Gerechtigkeit ein paar Euros von seinen Milliönchen. Denn immerhin habe ich 3 Kinder großgezogen.

Da spielt ein einzelner den Trumpf „Soziale Gerechtigkeit" aus, die gar keine festgefügte „mathematische „Basis" hat, um naive Stimmen zu fangen.

#Schulz Wer setzt oder wie setzt sich „Soziale Gerechtigkeit" durch? Nur mit Martin Schulz! Der weiß genau, was das ist!

Im #Syrien Krieg vermisse ich eine neutrale Analyse über Angriff und Verteidigung, Aktion und Reaktion. Wer hat Palmyra zerstört u die Umayyaden Moschee?

Ist es wahr oder Legende, dass Proteste in #Syrien friedlich mit Jugendlichen begann? Woher hatten dann Aufständische ganz schnell schwere Waffen, mit denen sie Assads Soldaten töteten?

#Religion Kulturrelativismus schafft gößte Probleme. Wir müssen mutig den armen Menschen erklären, dass sie Unsinn glauben(Kopf tuch) und tun(Kopf ab).

#Islam Interessante Führung im Doberaner Münster! FrageWarum keine Werbung bei Muslimen für Führung in christlichen Kirchen? „Ungläubige" werden doch auch in Moscheen eingeladen.

#Klimawandel Mir ist kalt. Ich möchte, dass in unseren Breiten wieder wie vor 50 Millionen Jahren ein tropischer Wald wächst.

Noch ist #Polen nicht verloren!, auch wenn Leichtgewichte wie @SkaKeller (Grün) und Y.Kaufmann (SPD) das so sehen wollen.

Wer hat nun einen Knall mit katastrophalen Konsequenzen für Deutschland? #Frauke Petry #AfD oder #Johanna Uekermann #SPD?

#Trump Gegensatz zu „Make America great again" ist: „Make America n o t great again".

#Paris Stereotypes Gedankenmodell: Chaos bleibt unbeherrscht. Vorwurf: Polizei u Bürger wollen Rechts wählen. Wen sollten sie sonst wählen wollen?

#AfD #Trump Der Eindruck verstärkt sich, dass eine kollektive Hysterie „gegen Rechts" alternatives skeptisches Denken verschüttet

Twitter-Sammlung 77

21.02.2017

#Trump Hat Fox News ein fiktives Horrorszenario über Einwanderung nach #Schweden gesendet oder eine Zusammenfassung über Chaos in F u D u S? Wenn Letzteres zutrifft, ist er teilentschuldigt.

#Putin Bis auf Weiteres glaube ich, dass Putin einen gefährlichen und fatalen Regimechange in #Syrien (wie in Libyen) verhindert hat.

Kulturelle #globalization Die Lüneburger Heide nicht gleichartig mit Sahara, Pornostar nicht mit verhülltem Gespenst
https://cevenole.blogger.de/stories/2630559/ …

islamistischen #Islam

#Dresden Wenn ein #Mahnmal nur Diskussionen über seinen Sinn provoziert und das Gedenken vergessen wird, dann hat der "Künstler" sein Ziel verfehlt.

Ich, ehemals #Populist, schreie jetzt nicht mehr an gegen „die moralische Sensibilität hochintelligenter und charismatischer Politiker" von #Links bis #CSU. Sie haben alles richtig gemacht. Opposition kann nur Populismus sein.

Vorschlag für #Karneval Sitzung:"Kölle haram!" Schüler diskutieren ernsthaft Lebensrecht von Schweinen u paniken über umgedrehte Schuhe .Diese Position beleidigt Allah!

Kann nur Fakenews sein oder von Maas stammen

#Islamophobia Gegen welche Bedrohung sichern Städte ihre Plätze ab? Welche Absicherungen gibt es in Budapest und Warschau?

#Griechenland "Geld oder kein Geld", das war und ist die Frage. Antwort nach vielen Diskussionen: "Geld". Vorschlag: Geld geben ohne Diskussion.

#Trump und die Institutionen

#Maischberger Für K.-R.Popper ist es nicht so entscheidend, WER regiert, sondern WIE regiert wird, mit welchen Institutionen.

#Trump und die Judikative. Kant erklärt ein Dilemma

Wer richtet die Richter? https://cevenole.blogger.de/stories/2629133/ …

Kann man bei der Kritik an #Trump unterscheiden zwischen Argumenten aus anderer, links-liberaler Weltanschauung und Kritik an einem "Vollidioten"?

#maybritillner Gibt es Beweise dafür, dass ein Treffen von Trump und Putin den Weltfrieden gefährdet?

#Rassismus Große Freude, im Club mit Menschen aller Kontinente Sport zu treiben. Grund dafür: keiner fordert Beträume oder will mit Burkini ins Wasser.

#AfD Keine Politik, wenn Politiker u Wähler sich bei "Flüchtling aus der Hölle" vor Rührung u mitleidiger Moral in die Hose machen.

#orban u #Kaczyński sind unsolidarisch, weil sie sich nicht am islamischen Chaos beteiligen wollen, das in Frankreich u Deutschland herrscht.

#Trump #Putin Gibt es Beweise, dass ein Treffen von Trump u Putin den Weltfrieden gefährdet?

Twitter-Sammlung 76

15.07.2017

Verstummende Aufschreie in Flüchtlings-u Islampolitik sind zahlreich. Daher ohne Risiko, sich als Hardliner zu outen, wie #Merkel u #Trump oder #HirsiAli

Der #AfD Vorstand will Höcke ausschließen. Und die Kommentare? Kein Lob!, sondern „hoffentlich schaffen sie´s nicht, sonst entkommt uns ein Feind".

#hatespeech Mag auch „Hohe Diplomatie" als Verschwiemeln u Verschwameln von Realien definiert sein, so darf ein Privater doch „Stammtisch" verbreiten

#Steinmeier Steinmeier plädiert für mehr Mut in Deutschland. Das werde ich ernst nehmen und (vielleicht) die AfD wählen.

#Syrien #Assad Frage eines Skeptikers: Wofür und wogegen kämpfen westliche Allianzen in Syrien https://cevenole.blogger.de/stories/2629301/ …

#Dresden Zwischen „Moral Bombing" und Kampf gegen Terrormilizen(Ost-Aleppo) kann es keine „Gedenkbrücke" geben https://cevenole.blogger.de/stories/2629133/ …

#Trump #Judikative Wer richtet die Richter? https://cevenole.blogger.de/stories/2629133/ …

#Ukraine Gedankenexperiment für Frieden im Donbass: Wenn Italien auf voller Souveränität über Südtirol beharrt hätte, gäbe es dort keinen Frieden

#maybritillner Die „dawa" (Islamwerbung) kann auch friedliche Muslime radikalisieren durch einseitige Deutung von Schreckenssuren. Also strenger Filter

#Syrien Ich bitte um Aufklärung, wie oft „Amnesty" erwiesenermaßen falsch berichtete, wer die „White Helmets" u „Syr. Beobachtungsstelle für Menschenrechte" sind

Twitter-Sammlung 75

09.02.2017

#FraukePetry Ehrlich! Es gibt so viele doofe Frauen in der deutschen Politik. Da muss man nicht dauernd auf eine nicht ganz unvernünftige Frau schießen

#Maybritillner @vDonaldTrump glaubt offenbar, ein "geozentrisches" Weltbild durch ein "heliozentrisches" abzulösen. Seine Gegner sehen das umgekehrt.

#MaltaSummit #Merkel sei Physikerin, die von "hinten" denkt. Wie weit ist bei einem Chamäleon "hinten"? Sehr nah! https://cevenole.blogger.de/stories/2627861/ …

#Merkel Auch in der DDR dachte man in 5-Jahresplänen "vom Ende her", wie eine Physikerin. Zu kurz! „Vom Ende des Kommunismus her" war das nicht gedacht

#Trump Trumps unsublimierte Worte u Taten sind meinem Clubstammtisch vergleichbar. Frage: Ist Hohe Diplomatie dadurch definiert, dass Unsinn u Ungerechtigkeit kaschiert wird?

#AnneWill Auch ein einzelner Bundesrichter ist nicht "Gott der Verfassung". Er interpretiert das Gesetz und darf kritisiert werde

#AnneWill Trump glaubt offenbar, ein "geozentrisches" Weltbild durch ein "heliozentrisches" abzulösen. Seine Gegner sehen das umgekehrt

#AnneWill Hoffentlich wird "Amerika first" nicht ein genau so fataler Bumerang wie "Willkommen! Wir schaffen das"!

Habe **#Trump** "ohne Ton"- umgangssprachlich entgleist - mit einem (geistig)Behinderten verglichen. Darauf gab´s einen „shitwind" mit Beleidigungen und ungerechten Unterstellungen

der Freitag @derfreitag

Von Claus Leggewie: **#Trump** ist längst nicht der einzige Machthaber, der versucht, sich die **#Justiz** zurechtzubiegen http://buff.ly/2jT8dsD

Dieter_Rakete: Leider hat aber auch kein Machthaber Roland Freisler zurechtgebogen

#AfD #Merkel ist gegen Obergrenze, obwohl sie endlich alles für deren Einhaltung tut. Und GroKo findet heute gut, was sie gestern diffamierend ablehnte

#Libyen Spanien schafft es, die Enklaven Ceuta u Melilla zu schützen. Warum sollte es also nicht gelingen, in Libyen "Sammelenklaven" einzurichten?

#Obergrenze #Merkels blöd-bockige Sackgasse "Keine Obergrenze" gegen Seehofers realpolitische "Obergrenze" kostet Wählerstimmen

#politics Deutsche Politiker tun so, als ob Problemlösungen an Gesetzen scheitern müssten. Gesetze sind von Menschen gemacht u sind zu ändern

Twitter-Sammlung 74

#AfD Zur Kritik an AfD gehört das Stereotyp "Sie provozieren und rudern dann zurück". Auch möglich: bösartige Falschinterpretation und notwendige Korrektur und Dementi.

#AfD oder #Islam Gegen Intoleranz! Ja! Rushdie, Westergaard, Abdel-Samad fürchten immer noch um ihr Leben. Meine Frau muss in Saudi-Arabien mit dem Nachthemd ins Meer und Schweine werden diskriminiert usw.

#Merkel Gesinnungsethik gefällt zu vielen https://cevenole.blogger.de/stories/2627365/ ... Merkel wird für etwas gelobt, was sie selber nicht mehr vertritt

Ohne Ton wirkt #Trump wie ein Behinderter, was die Kritik beeinflusst. Mit Ton werden einige Entscheidungen aber "teil-gerechtfertigt".

Von der Leyen will #Bundeswehr sexuell bunter machen. Aber keine sexuelle #Gerechtigkeit! #Schwule haben Vorteile in Männerwelt

#phoenix Richtig. Kein Generalverdacht gegen Muslime! Aber auch richtig: Teilverdacht ist berechtigt. Effektive Kontrolle leider umstritten

#maischberger #Schulz Wenn das o b e r s t e Ziel für Schulz Karriere und Macht ist, dann bleiben viel wichtigere Ziele darunter: Wozu,wofür,warum?

#Hartaberfair #özdemir Welcher Moslem hat je von einem universellen Freiheitsstreben a l l e r Menschen gesprochen? https://twitter.com/aotto1968_2/status/826121930981908480 ...

#Boehmermann Warum wird so ein irrer Tweet eines irren Publicity-Süchtigen nicht blockiert. damnatio memoriae für diesen Ungebildeten!

#hartaberfair Realexistierender Islam ist keine Religion wie alle anderen. Vor Fanatikern faschistischer Auslegung müssen Bürger geschützt werden

Gibt es auf #Unisextoiletten auch Urinale, auf die sich Frauen setzen könnten oder stößt #Genderisierung an Biogrenzen? Wie viele Exhibitionistinnen und Vergewaltikerinnen werden verurteilt?

#AnneWill Ich nehme Schulz nicht ab, dass er aus innerem "therapeutischen" Antrieb für mich sorgen und die Welt besser machen will

Twitter-Sammlung 73

#Populismus "Linken" Populismus gibt´s nur ansatzweise, weil darin gar keine Opposition gesehen wird https://cevenole.blogger.de/stories/2626514/ …

Populismus: Was soll das heißen? https://cevenoleblog.wordpress.com/2017/01/25/populismus-was-soll-das-heissen/ … via @cevenole1

#maischberger Es wird spannend. Supermann #Schulz sagt mutig allen seine "maßgebliche" Meinung

#TTIP Die Kritiker von TTIP können sich freuen. Sie haben ein neues Mitglied: #DonaldTrump

#Islam Ein sehr schönes Beispiel für den Clash of Civilisation:

Eine Komödie war selbst mit Kommunisten möglich:"Don Camillo und Peppone". Aber „Don Camillo und Khomeini" geht gar nicht wg Beleidigung

#Putin sei genialer Stratege. Nutze überall Schwäche des Westens aus, z.B. in #Syrien. Nur welche Art von Stärke sollte Westen dort .zeigen?

#botox Mit 77 bewerbe ich mich noch einmal um einen neuen Job: Blödmann mit Botox-Arschgesicht in Soap-Operas

#Lügenpresse Lüge um der Lüge willen gibt´s nicht. Gelogen wird für Interessen und Ziele

#Astana #Asylrecht #Salafisten https://cevenole.blogger.de/stories/2626774/ … Realistischere Kommentare zu Weltproblemen. Noch ist Syrien nicht verloren

#Islam #Syrien Was wollen Muslime in Europa? https://cevenole.blogger.de/stories/2626846/ … 4 mögliche Antworten

#Trump erhält den mit 3 Dollar dotierten Karl-Martell-Preis, weil er muslimischen Bürgern islamisch verwirrter Länder befristet Einreise verweigert.

#Trump #Egoismus Trump bringt die Verhältnisse zum Tanzen https://cevenole.blogger.de/stories/2626981/ … "Germany first - ja warum denn nicht"?

Twitter-Sammlung 72

#Merkel Die Alternativlosigkeit-Attitüde der Großen Vorsitzenden der CDU beruht auf einem Mangel an politischer Weitsicht.

#Merkel #Orban Thomas Hobbes würde wohl Orban Recht geben https://cevenole.blogger.de/stories/2625980/ ... und nicht dem aufgeblasenen moralischen Imperialismus von Merkel

#Trump Einige Reaktionen auf Trump in Europa erinnern an den Rauswurf eines sekundären Nesthockers durch seine Eltern

#Trump Alternative zu "America first" kann nicht sein "America second". Alternative??:Anderen nicht zu schaden, die auch Amerika nicht schaden wollen.

#Trump Achtung Satire:1Mio Demonstranten in Macon/ Georgia hetzen gegen Merkel und Brüssel. Sie befürchten ein weltweites islamisches Armageddon.

#Syrien Warum kommen die "radikalislamischen Rebellen" von Ahrar al-Scham nicht nach #Astana zu Friedensgesprächen?

In #Syrien sollte man kampflos die Macht dem IS, al-Nusra und Ahrar al-Scham überlassen. Das wären dann Kandidaten für einen Friedenspreis deutscher Journalisten

#Islam Eine Komödie war selbst mit Kommunisten möglich: "Don Camillo und Peppone". Aber Don Camillo und Khomeini geht gar nicht wegen Beleidigung einer Religion.

#Trump Hoffentlich wird "Amerika first" nicht ein genau so fataler Bumerang wie "Willkommen! Wir schaffen das"!

#Putin Liebt die Mehrheit des russischen Volkes Putin? Dann wäre er sogar ein "lupenreiner Demokrat", wenn er die Minderheiten respektierte

#Hoecke Ich mag Höcke nicht (menetekel upharsin), auch nicht Walser, Dohnanyi, Walter Jens, Rudolf Augstein. Vgl. auch http://literaturkritik.de/id/20

Für Deutsche steht #Gerechtigkeit an erster Stelle. Verdacht: Sie verwechseln Gerechtigkeit mit Gleichheit. Nur die Experten von der SPD wissen genau, was Gerechtigkeit "ist", obwohl sogar Platon Schwierigkeiten mit einer Definition hatte.

#Astana #Syrien #Putin versucht in Syrien Frieden zu schaffen. Das kann doch nur ein Fake oder eine versteckte Gemeinheit sein!

#Islam #Islamophobia Wer nicht islamkritisch ist, ist entweder uninformiert oder leidet an #Alexithymie (Gefühlsblindheit, Gefühlslegasthenie)

#islamophobie Zu viele Islamgläubige machen zu viel Unsinn, begehen zu viele Verbrechen und Morde, als dass ich alle Muslime lieben könnte.

Twitter-Sammlung 71

21.01.2017

#FakeNews Ist der Kampf des demokratischen Establishments gegen fakenews u.a. nichts anderes als der Kampf gegen politische Gegner wie unter Diktaturen das Einsperren in die Psychiatrie.

#maischberger Trump ist kein politischer Hegel, der ein System entwirft. In seinem Kopf geht alles wirr durcheinander, was bei uns Trittin oder Höcke wollen

Bleibt man Demokrat, wenn man z.B. nationalkonservativ ist? Ja, denn #Demokratie ist eine Staatsform,in der eine bestehende Opposition ohne Blutvergießen gewählt werden kann

#AfD Tabubruch und Provokation sind für eine kleine Opposition "gegen alle anderen" politisch legitim

#Amri #Merkel ist natürlich nicht Ursache für den Anschlag vom Breitscheidplatz. Sie ist aber der Grund dafür

#maybritillner Putin und Trump werden sich wundern, was sie alles wollen sollen gemäß den gegensätzlichen Analysen bei Illner. Ich armer Thor!

#maybritillner Sehr tröstlich, dass Röttgen nach eigener Einschätzung die"objektive Realität" in Aleppo kennt. Weiß er auch, wer ohne russisches Eingreifen Assad ersetzt hätte?

Achtung Satire:

#Trump bewundert Egon Bahr und Willy Brandt und deren Ostpolitik mit dem "Wandel durch Annäherung". Daher seine Offenheit gegenüber Putin.

http://blog.politik-rakete.de/politik/mein-neuestes-buch-ist-da.html …

Zum Öffnen: Strg + Klicken

#FakeNewsMedia Gehört "Satire" auch zu den FakeNews? https://cevenole.blogger.de/stories/2625825/ … Volkspädagogische Rücksichten sind kein Grund für Halbwahrheiten.

#Trump Schade, dass nur ein Präsident mit restringiertem Wortschatz und skurriler Mimik drei Positiva benennt: Umbau der Nato - „Wandel durch Annäherung" an Russland – Islamkritik

Twitter-Sammlung 70

#Göre Eckhardt Anmaßung, dass sich Linke, Grüne, auch FDP als Hüter solcher "bürgerrechtlicher Freiheiten" aufspielen, die die Bürger gar nicht wollen, weil sie die Sicherheit gefährden.

#HateSpeech #Merkel als Causa efficiens? Gibt es in anderen Ländern auch so viele Hasskommentare ? Seit wann gibt es sie in #Deutschland ?

#erikasteinbach verkörpert eine aktuell notwendige Dreieinigkeit für die CDU: Mut - Ehrlichkeit - Vernunft

#politikk Das menschliche Gehirn ist offenbar so konstruiert, dass es aus jugendlichem Schwachsinn von der Masse bewunderte Scheinvernunft im Alter produzieren kann

#AfD Wenn schon die "Junge Freiheit" zum Kern der deutschen RECHTEN Presse gezählt wird, welche Presse soll dann allein OBJEKTIV sein?

#politics Popper vs Frankfurter Schule, Habermas vs Nolte, Tote von RAF, NSU, terroristischem Islam, Langguth und Jongen vs UNIirrsinn. Für den Normalbürger ist es schwer, einen eigenen STANDPUNKT zu finden.

#annewill Die Behauptung, Migranten seien sehr lieb und nicht krimineller als Deutsche, ist in Deutschland kein Kriterium für die Klappsmühle.

#annewill Mit Simone Peter, Roth, Göring-Eckhardt, Beck, Hofreiter an der Spitze der Sicherheitsbehörden würden keine Terroristen zu uns kommen

#fakenews Kein soziales Medium „entdeckte" Hitler-Tagebücher, kein soziales Medium vermutete Einzelhaft-Folter für RAF-Häftlinge oder "Hinrichtung" von Grams.

#Obergrenze Immer wieder die Frage von Klein-Erna, was zu tun sei, wenn der erste Flüchtling die Obergrenze reißt, zuletzt Martin Schulz. Antwort: reinlassen.

#hartaberfair Sechs Politiker diskutieren über Deutschlands gefährdete Sicherheit. Entsetzter Eindruck: Zappeln in einem juristisch, moralisch, profilneurotischem Gestrüpp.

#Trump ist kein politischer Hegel, der ein System entwirft. In seinem Kopf geht alles wirr durcheinander, was normalerweise Parteien oder Staaten wollen: Nato, „Ja" oder „Nein", Steuern rauf oder runter, Marktwirtschaft oder Abschottung usw.

#Syrien Assads Regierung heißt jetzt in einigen Berichten nicht mehr "Regime", sondern "Regierung", und Rebellen kommen nach Astana

#Syrien Nach Jörges (STERN) könnten vertriebene Islamisten aus Ost-Aleppo als Terroristen nach Deutschland kommen. Irrsinnige Meinung! Sollten sie als Islamisten unbehelligt in Ost-Aleppo weiterhin ihr Unwesen treiben?

#Oxfam Lösung nach Oxfam?: 426 Milliarden Dollar der acht reichsten Männer der Welt an die Armen verteilen, Nordkorea bevorzugen.

#Göre Eckhardt Anmaßung, dass sich Linke, Grüne, auch FDP als Hüter solcher "bürgerrechtlicher Freiheiten" aufspielen, die die Bürger gar nicht wollen, weil sie die Sicherheit gefährden

Twitter-Sammlung 69

14.01.2017

#Populismus Dauernd wird behauptet, das Polit-Establishment werde von Populisten zu Entscheidungen getrieben, die nicht gewollt sind. Wahrer Pop!

#Flüchtlinge Schlagzeile "Flüchtlingskrise kurbelt die Wirtschaft an "Zwei Folgerungen: Noch mehr Flüchtlinge und Flüchtlinge zur Ankurbelung der Wirtschaft in arme Länder!

Auch #Merkel "wirkt (Art 21 GG) an der politischen Willensbildung des Volkes mit". Aber es gibt bessere Denker als diese schwäbisch redende Hausfrau.

#Flüchtlinge Kurzfristig "Festung Europa" bilden, denn das Problem: Armutsflucht wg Überbevölkerung ist nicht gelöst durch Abschiebung in arme, übervölkerte Länder.

#flüchtlinge @thomasstrobl meint, die CDU habe hart für den Rückgang der Zuwanderung gearbeitet. QUATSCH! Es war die Kritik und die von Merkel abgelehnte Balkanroute.

#Flüchtlinge "Festung Europa" zu formen und viel Geld in Flüchtlingsländer zu investieren, ist nicht unmenschlicher als das jetzige Flüchtlingsleid.

#maybritillner Welch blöde Arroganz von K.Nocun zu glauben, nur sie allein wisse - mehr und mehr gegen alle „Etablierten" -, wie Freiheit geschützt werden könne ohne schärfere Maßnahmen.

#Merkel Es ist lächerlich und absurd, zu welchen Konsequenzen Merkel mit ihren offenen, unkontrollierten Grenzen die Innenbehörden gezwungen hat.

#maybritillner Wie soll man sich vor „Gefährdern" schützen? Definieren, wann ein Mensch ein gefährlicher "Gefährder" ist, und dann Gesetze schaffen, um ihn hinter Gitter bringen zu dürfen.

#media Links ist in allen Formen immer gut. Rechts ist immer schlecht. Sei es rechts-liberal, rechts-konservativ, rechts-radikal und -extrem und rechts-verblödet.

#Aleppo #Mossul #Russen Oh, ihr deutschen Medien! Warum so still? Bitte wieder mehr Berichte über den „Schlächter" Assad, russische „Kriegsverbrecher" in Aleppo und „Zivilschützer" in Mossul, - diesmal aber sine ira et studio.

#Fakenews #sterntv #Filterblase Wenn ich nur den STERN oder die Süddeutsche lese, dann befinde ich mich in einer Filterblase.

#fakenews Ichbewege mich in vier gegensätzlichen "Filterblasen"(den sozialen Medien sei Dank!)und mache damit frühere Wahrheitspriester offenbar neidisch.

#SPD Welche Schulbildung hat Esken und welchen Beruf hat sie erlernt?

#tagesschau SPD-Bundestags-Mitglied Saskia Esken denunziert die JungeFreiheit bei AirBerlin und ruft zum Boykott auf. #boykottairberlin

Twitter-Sammlung 68

11.01.2017

#fakeNewsMedia Es ist schwer, einen Silvester-Fake-Kackhaufen von einem realen zu unterscheiden. Dasselbe passiert bei Meinungen.

Wenn #SarahWagenknecht eine Partei gründen würde, würde ich sie vielleicht wählen. Das wäre eine Alternative zur AfD.

#wissenschaft Wenn ich all den Empfehlungen, Behauptungen u Ergebnissen von Experten zur Lebensführung folgen müsste, dann wäre ich unglücklich.

#Abschiebungen McKinsey schadet der Wirtschaft u Gesellschaft. Sie empfehlen gegen Fratzscher (DIW) u Grüne, wichtige "Ressourcen" schneller abzuschieben.

#Merkel die Gute aus der DDR, vom Ausland bewundert, wie Atlas die Weltkugel tragend, hat Honig im Kopf.

#hartaberfair Welchen Mehrwert für D bringen offene Grenzen? Wie viele Tote muss es geben, damit die Ent- besser Verrückte und Co Einsicht zeigen.

#smartphone Es ist skurril, dass sich so viele Menschen ihr Leben überwiegend aus dem Smartphone holen. Keine Erfahrung aus der Realität mit fünf Sinnen.

#demaiziere Worin sind "Menschenrechtler" und "Datenschützer" kompetenter als ein Normalbürger? Gibt es dafür Studiengänge?

#hartaberfair Dem Horrortrio Daimagüler, Künast, Prantl würde ich noch nicht einmal die Sicherheit meines Weihnachtsbaumes anvertrauen.

#hartaberfair Welcher Phänotyp begeht Straftaten wie illegale Einreise oder Terrorakte? weiß -Frau -über 35? Deren Kontrolle wäre lächerlich.

#hartaberfair Daimagüler spielt sich bar jeder Logik und mit viel Wortschiss als moralischer Richter über die deutsche Gesellschaft auf.

Twitter-Sammlung 67

09.01.2017

#Aleppo #Mossul Zivile Tote sind Kriegsverbrechen, wenn Russen beteiligt sind, oder es gibt sie nicht, wenn die USA Krieg führen

#Mossul Wie weit sind die "Zivilistenschoner" in Mossul bereits gekommen?

#Aleppo Ich vermisse in D wenigstens ein wenig Freude darüber, dass in Aleppo die Waffen schweigen, und dass es in Syrien zum Frieden kommen könnte.

#demaiziere Göring-Eckardt hat nicht verstanden, dass man in der Wissenschaft und Sicherheitspolitik nicht gestern „A" und heute „B" sagen darf. Daher war für sie auch nach nur zwei Semestern Schluss.

#demaiziere In Sicherheitsfragen ist heute für alle Parteien richtig, was gestern falsch und faschistisch war. Sie lernen erst, was andere bereits wussten.

#demaiziere Journalisten, die Merkels Willkommenskultur lobten, müssten „zurücktreten", wenn sie sehen, dass Merkel sich um 180 Grad gedreht hat.

#DieGrünen #CDU #SPD Schlimme Vermutung: Kann es sein, dass viele Politiker ihre miesen Schulleistungen als Erwachsene nicht verbessern konnten?

Solange #Merkel in D so hochgehandelt wird trotz weltweit sinnloser Energiewende mit Windspargeln und hohen Stromkosten, Eurorettungsversuchen und Flüchtlingspolitik, wird sie kleben bleiben.

#Mossul Mit welchen Methoden haben irakische Regierungstruppen fast die Hälfte von Ost-Mossul erobert?

#Populisten Sokrates: "Was die "Menge" tut, ist Zufall. Gehören Politiker auch zur "Menge"? https://cevenole.blogger.de/stories/2623825/ …

#Fluechtlinge #Asselborn wirft Österreich „rechtsnationales Gedankengut" vor. Vorwurf an Asselborn. Er vertritt links-globalen Gesinnungsunsinn.

#racialprofiling Welcher Phänotyp begeht Straftaten wie illegale Einreise oder Terrorakte?: weiß -Frau -über 35? Deren Kontrolle wäre lächerlich und würde zu viele Sicherheitskräfte unnötig binden.

#Obergrenze Der Streit um die "Obergrenze" ist deshalb so permanent, weil Merkel es für politisch klug hält, keinen (notwendigen!) Rückzieher zu machen.

#media Berichte und Analysen der Medien von heute über Chaos und vielfältigen Blödsinn in deutscher Politik erinnern an die Satirezeitschrift Charlie Hebdo.

Twitter-Sammlung 66

06.01.2017

#Nafri #Amri Freiheit, Güte und gesinnungsethische Toleranz lassen in Deutschland zu viele Blumen des Bösen sprießen.

#AfD Schlimmste selbstverschuldete Fehler in Deutschland und der EU. Warum wird kritisiert, dass es dagegen Kritik gibt mit der Meinung, Opposition könne es besser

#CSU Seehofer und CSU werden lieblos diffamiert, obwohl anfängliche Bergpredigt-Politiker deren Vorschläge mehr und mehr übernehmen

#Nafri #Amri Es gibt "juristische" Probleme für Abschiebehaft! Keine Institution mit Ewigkeitsgarantie hat Gesetze gemacht, also ändern!

Dieter_Rakete hat Claudio Casula retweetet und hinzugefügt:

#Augstein Feige Selbstmörder wählen Augstein in die Regierung

ClaudioCasula@shlomosapiens

Manchmal tut er mir leid, wirklich. Ein hohles Brot, gefangen im Körper eines 49-jährigen Millionenerben.

#Fluechtlinge Laut Infratest Dimap bringt für Anhänger der Grünen, Linken, SPD Zuwanderung eher Vorteile. Aber zwei Drittel fürchten ansteigende Kriminalität. Nach Einschätzung von finanzielle Belastungen wurde anscheinend nicht gefragt

#Populisten #DieGrünen Deutsche "Bergpredigt-Politiker" gefährden Wohlstand und Sicherheit und gehen mir zunehmend auf den Geist

#Syrien #Aleppo Im Netz gibt es eine Fülle von unterschiedlicher Objektivität und Gegensätzen. Allein in D gibt es nur den "Schlächter" Assad

#Islam Die Liste ungestrafter Missetaten u Verbrechen ist lang. Daher lohnt es sich für Psychopathen zu konvertieren
https://cevenole.blogger.de/stories/2623676/ …

#FakeNews Wittgensteins "Sagen, was ist", von Rudolf Augstein für den Spiegel-Journalismus übernommen, ist weit komplizierter u umfangreicher als Wahrheitskommissare glauben.

Twitter-Sammlung 65

04.01.2017

#Aleppo #Syrien Welche Ziele haben/hatten beide Kriegsparteien?

#Amri Unser Leben trotz Terrors nicht ändern! Ich habe keine Angst vor Terror! Wohl aber davor, dass PolitikerToleranz und Liberalität missverstehen

#Syrien #Aleppo So geht´s nicht. Die Russen dürfen keinen Erfolg haben mit ihren Friedensbemühungen. Frieden kann nur der "Westen" schaffen

#Populisten Unter etablierten Politikern gibt es einige, die ich unbesehen gegen Populisten austauschen würde.

#Merkel Alternat Neujahrsansprache: Mea culpa, mea maxima culpa, dass ich Deutschland ins Chaos stürzte. Am sicheren Plattensee treffe ich Orban. Adieu

#Merkel Die "Ärztin" hält eine Neujahrsansprache. Kein Wort über Pfusch am Bein !

Dieter_Rakete hat hinzugefügt:

#AfD #CDU Deutschland kommt mir vor wie ein septisches offenes Bein, welches Ärzte verschuldet haben.

#maas #Kahane Finale Erkenntnis (1) Wer der Political Correctness huldigt, predigt schon die Intoleranz (CH-Satiriker A.Thiel)

#Islamisten Finale Erkenntnis(2) Linksintellektuelle und Islamisten scheinen einen gemeinsamen Nenner gefunden zu haben: Hass auf Andersgläubige

#Islam Gehört Buddhismus der 2 Mio "ruhigen" Buddhisten zu D? Gehört Islam der 4,5 Mio "lauten" Muslime mit aggressiven Forderungen zu D?

#Aleppo #Syrien Ist "Bürgerkrieg" in Syrien die richtige Bezeichnung, wenn tausende von ausländischen Dschihadisten beteiligt sind?

#Syrien #Assad gegen Hunderte von Kleinst- und Großgruppen, gegen religiöse Fanatiker und Söldner, keine Demokraten
https://cevenole.blogger.de/stories/2623159/ ...

#SimonePeter Diagnose: Mentale Retardierung, verstärkt durch hochmütiges Umfeld mit sozialer und emotionaler Unreife. Symptom: Verzögerung intellektueller Entwicklung.

#Nafri Ein Dintät („Deutscher Intensivtäter") wäre nach Mazyek Rassismus wie auch Nafri, weil damit verallgemeinert wird: a l l e Nordafrikaner, alle Deutschen. So ein Unsinn!

#postfaktisch Wissenschaft erklärt, dass die Beschreibung Deutschlands als gegenwärtiges und zukünftiges Armutshaus "postfaktisch" sei. Platons „doxa" (Meinungen) lassen grüßen.

#Nafri Ich bezweifele, dass alle Politiker die absurde Fülle von "Schutztiteln" und deren Konsequenzen kennen.

Twitter-Sammlung 64

29.12.2016

#AnisAmri Merkel bleibt in Deutschland!! Denn sie ist "stolz" auf die besonnene Reaktion der Bevölkerung.

#AnisAmri Man schafft ein Gestrüpp von Gesetzen zu Asyl, Abschiebeschutz usw. und beklagt die Unmöglichkeit, sich vor illegaler Zuwanderung zu schützen. Dann mache man doch neue Gesetze.

#AnisAmri Das entscheidenste Kriterium für die Bewertung einer Religion: Wie barmherzig und menschenliebend sind die Gläubigen. Es kommt nicht auf die nicht Kenntnis von Riten, Ritualen und Regeln an.

#Aleppo Wird Ost-Al menschenleer? Auch die Aliierten im 2.Weltkrieg haben Zivilisten bombadiert. Wollten Nazis besiegen. Ich glaube nicht, dass alle Russen, die in Syrien am Bürgerkrieg beteiligt sind, Kriegsverbrecher sind, wie einige Medien in Deutschland insinuieren wollen.

#weihnachtsansprache Alternative Weihnachtsansprache: "Leckt mi an Mors!"

#Aleppo "Evakuierung" aus Aleppo eine "humanitäre Großtat"? https://cevenole.blogger.de/stories/2621601/ ... Alternative: Den IS nicht angreifen, wenn Zivilisten in der Nähe.

#fakenews Hysterischer Furor gegen Fake News, Rechts und Hassmails https://cevenole.blogger.de/stories/2621604/ ... Einheitssprech wird von Wahrheitskomm. geschützt.

Dieter_Rakete hat Beatrix von Storch retweetet

Wieso sind die Ungarn auf einem Weihnachtsmarkt nicht ängstlich? Hat Gauck ihnen das empfohlen?

Beatrix von Storch @Beatrix_vStorch

Weihnachts-Flashmob auf ungarischen Weihnachtsmarkt: Halleluja! Gesegnete Weihnacht! https://www.youtube.com/watch?v=-DGzHCfmv5k&feature=share ...

#Amri "Wer jetzt noch verharmlost(hat sich) von der Gemeinschaft aller Bürger isoliert" http://H.Schmidt zum Terror der RAF. Für #Merkel unsagbar, sonst Kabarett und ihre Heiligkeit bekommt einen „Schein".

#Merkel Legale, traditionelle, charismatische Führer in Deutschland?! https://cevenole.blogger.de/stories/2621686/ ... Transitzonen sind Haftzentren?

#Amri Ich habe keine "Islamo"-,sondern eine "Barmherzigkeitsphobie", weil der Islam nach verbreiteter Meinung nur "barmherzig" ist.

#politics #Politique Böser Verdacht: Machtwille und rhetorische Begabung vieler Politiker werden nicht gestützt durch IQ.

#Islam Der Islam ist ohne Salafismus, Dschihadismus und Terrorismus eine sterbens langweilige Religion ohne transzendenten Tiefgang.

#politiques #politika Man muss auch mal dankbar sein. Zum Glück gibt es "mutmaßliche" Idioten, über die man sich aufregen kann.

#Aleppo Jetzt wo die Waffen in Aleppo schweigen, herrscht totale Ruhe in den Medien. Ich möchte weiterhin, sogar über Frieden, informiert werden.

#FakeNews Fratzscher hat vor Monaten noch goldene Zeiten für uns und die Flüchtlinge vorausgesagt. Ich glaube dem kein Wort.

Chef des Instituts für Wirtschaftsforschung: "Die goldenen Jahre neigen sich dem Ende zu - 2017 geht es bergab"

#politics #juncker Wenn es ernst wird, muss man lügen". Viele Schüler sind ihm gefolgt.Auch für die Presse wurde es manchmal ernst.

#AfD #CDU Deutschland kommt mir vor wie ein septisches offenes Bein, welches Ärzte verschuldet haben.

Twitter-Sammlung 63

22.12.2016

#Aleppo Wer sind die Menschen, die aus O-Al "fliehen" oder "evakuiert" werden? Wohin werden sie „evakuiert". Wie viele sind es und wie viele sind noch in O-Al und warum? Gab es in O-Al nur Assad-Gegner?

#FakeNews Die allgemeine Forderung nur "Wahrheit ohne Hass" lesen und hören zu dürfen, beruht auf fehlendem Realitätssinn und Menschenkenntnis.

#Fakenews Ein altes Problem! Caesars „Bellum Gallicum" ist eine Propagandaschrift voller FakeNews. Und was ist mit News, Flüchtlinge würden kein Geld kosten?

Twitter-Sammlung 62 #Merkel ist Pippi Langstrumpf: "...macht, was ihr gefällt " https://cevenole.blogger.de/stories/2621095/ …

#BerlinAttack Jetzt sollen die Terroristen auch mal Orbans Ungarn heimsuchen, damit ihm seine Argumente um die Ohren fliegen - oder etwa nicht?

#Maischberger Was wäre bloß passiert, wenn nicht die CSU beim Flüchtlingsansturm in Bayern regiert hätte, sondern die Grünen?

#Maischberger K. Göring-E. hat nur eine einzige Schublade im Kopf bei solchen Terroranschlägen: Besonnenheit, nicht pauschalisieren, zusammenstehen.

#Maischberger K. Göring-E. hätte mit ihrer „Besonnenheit" den LKW-Mörder aufgehalten.

#berlinattacks Pastor Gauck ist sich sicher: "Der Hass der Täter wird uns nicht zu Hass verführen". Also - mich ja. Auf die Täter!

#berlinattacks Man darf noch nicht vermuten, dass das Blutbad einen islamistischen Hintergrund hat. Beging etwa ein Eskimo eine "islamistische" Tat?

#berlinattacks Durch Flüchtlingspolitik wurde das Gefährdungspotenzial erhöht (Friedrich, CSU) UndMerkel trägt daran keine Schuld (korrekte Medien)

#berlinattacks "Vielfalt macht uns reicher, nicht ärmer" (Merkel).Völlig richtig! Nur illegale Islamisten "ohne Islam" zerstören dieses Gefühl.

#FakeNewsComplex Gerücht?:Trump will beim 1.Staatsbesuch Merkel zur Begrüßung "in den Schritt fassen", um seine Glaubwürdigkeit zu bewiesen

#asylpolitikk Von Amsterdam nach Atlanta geflogen. Dort um Asyl ersucht, leider ohne Pass. Verhaftet und ins nächste Flugzeug nach Amsterdam gesetzt

#asylpolitikk K Kleber beklagt potenzielle Verfahrenslänge für unklare Asylbewerber in grenznahen Lagern. Sollte Patenschaft anbieten für solche Fälle

#Amri Auch für potenzielle Gefährder und Attentäter gelten Menschenrechte. Maghrebstaaten sind für Grüne unsicher. Lösung: Grüne übernehmen Patenschaften

Twitter-Sammlung 62

20.12.2016

#Leitkultur Sophokles, Antigone: "Nicht mitzuhassen, mitzulieben bin ich da"

#Leitkultur "Ohne Musik wäre das Leben ein Irrtum". Nietzsche hat damit höchstwahrscheinlich europäische Musik gemeint, keine arabische.

#Leitkultur Goethe, Faust: "Da steh ich nun, ich armer Tor, Und bin so klug als wie zuvor...Und sehe, dass wir nicht wissen können" gegen die fanatisch missionarische Gewissheit der Muslime und des Koran.

#r2g betreibt Orbanismus ohne es zu merken. Die "Wissenden" schaffen durch Meinungsunterdrückung und Inflation von Verboten die Offene Gesellschaft ab.

#populisten Worin liegt das "Eigene" einer deutschen Leitkultur? https://cevenole.blogger.de/stories/2620599/ ... Antigone:"Nicht mitzuhassen, mitzulieben bin ich da"

#Islam Kritisch gegenüber einem Islam ohne Terror waren schon Marx, Voltaire, Atatürk. Unkritisch gegen Islam mit Terror: Wulf, Merkel und Co

#Assad #Aleppo Pazifistischer Protest wirft mit Wattebäuschchen https://cevenole.blogger.de/stories/2620783/ … Was käme nach Assad? Demokratische Islamisten?

#Flüchtlingspoiitik und wahre Solidarität https://cevenole.blogger.de/stories/2620785/ … Hilfe vor Ort ist effektiver als Riesensummen für potente Flüchtlinge in Deutschland.

#fakenews Postfaktische Meinungen von Politikern aller Parteien, die Fakenews gleichen, gefährden auch Demokratie. Und wie halten wir es mit unmenschlichen Koransuren?

#Aleppo Horrende Widersprüche. Es ist zum Verzweifeln! https://cevenole.blogger.de/stories/2620875/ … In W-Al gibt es von Rebellen kontrolliertes Gebiet (sic!)

#Populisten "Der Irre, der sich für ein Spiegelei hält, wird nur deshalb abgelehnt, weil er in der Minderheit ist". Wir bekommen ein Wahrheitsdilemma, wenn Populisten die Mehrheit bekommen.

#Merkel Ein überforderter Altruismus ist im Tugendranking phylogenetisch nicht ganz oben.

#Merkel Die Mimin Merkel opponiert nun gegen sich selber. Sie spielt jetzt die Hardlinerin mit Texten der schwäbischen Hausfrau.

Dieter_Rakete hat DieWelle2017 retweetet

Merkels "Trost" für Hinterbliebene und Verletzte: Attentate akzeptieren als Teil unseres Lebens. Den Unsinn habe ich ihr zugetraut.

Twitter-Sammlung 61

15.12.2016

#Aleppo #Mossul Welche anderen oder erweiterten "Kriegsverbrechen" begeht Russland im Vergleich zu Angreifern in Mossul?

#Aleppo Welchen Sinn hat die Formulierung: Tausende von fliehende Zivilisten aus Ost-Aleppo "suchen den Schutz" der Regierungstruppen?

#Flüchtlinge Statistik mal eigenwillig interpretiert: Seitdem Flüchtlinge im Land sind, gingen bis 2015 Vergewaltigungen um 14% zurück. Wow!

Robespierre: Alles für das Volk. Nichts durch das Volk". Einige Linksgrüne: "Es gibt gar kein Volk"

#Aleppo Bei so vielem widersprüchlichen Unsinn über Aleppo möchte auch ich dabei sein:"Jubler für Assad in West-Aleppo wurden gekauft".

#Aleppo Dem Kommentator der WELT, Herzinger, sind zu viele Bomben der Russen, die nur Zivilisten, Frauen und Kinder „abschlachten", auf den Kopf gefallen.

#Nato Die aggressive Republik Bergkarabach bedroht Europa. Daher sorgt die EU neuerdings für bessere Verteidigung. Die Wahrheit ist: ohne USA ist Europa hilflos.

Twitter-Sammlung 60 **#postfucktisch #Merkel** schafft es, Unsinn in solche Worte zu kleiden, dass viele meinen, der Unsinn sei vernünftig
https://cevenole.blogger.de/stories/2620197/ …

#Aleppo #Syrien Könnte es Parallelen geben zwischen Gaddafi/Libyen und Assad/Syrien. Libyen wurde im Stich gelassen nach Gaddafis Beseitigung.

#Aleppo Lügen die aus Ost-Aleppo geflohenen Zivilisten, dass sie als Schutzschilde benutzt wurden und eigentlich nicht fliehen durften?

#Aleppo Angebot: "Terroristen, Islamisten, Rebellen in Ost-Aleppo! Legt die Waffen nieder. Dann werdet ihr verschont. Die USA werden Euch nicht retten".

#Aleppo Warum ist nur Aleppo "eine Schande" und Mossul nicht? Wer hatte die Busse nach Aleppo geschickt, und warum sind sie leer weggefahren?

#Populismus Die uralte Frage wird aktueller: Ist der Staat für die Menschen da oder die Menschen für den Staat? Es gibt eine "Volksverdrossenheit" unter den politischen „Eliten".

#Merkel Unpolitischer christlicher Idealismus und moralischer Größenwahn sind in Deutschland kein Grund, einen Politiker abzuwählen.

#Merkel Ihr Schutzgeister Deutschlands, Helmut Schmidt und Max Weber, nehmt Einfluss auf Merkels Hirn!

Twitter-Sammlung 60

#Merkel schafft es, ihren verzapften Unsinn in solche Worte zu kleiden, so dass viele meinen, der Unsinn sei vernünftig. Sie wahrscheinlich auch.

#AfD AfD hat es fast geschafft: Ihre politischen Forderungen seien mal plausibel, mal diskutabel. Aber -ihr neuer Fehler: ihr destruktiver Furor.

#Politiker Das Volk ist blöde. Daher dürfen wir Schlauen(Pol u Journ) ihm nicht alle Tatsachen zumuten. Denn daraus würde es falsche Schlüsse ziehen.

Robespierre: Alles für das Volk. Nichts durch das Volk". Einige Linksgrüne: "Es gibt gar kein Volk".

#Flüchtlinge „Wir wollen nicht mit Islamgläubigen zusammenleben. Und sie nicht mit uns"(Orban).Wo steckt der Fehler? Negative Berichte über Islam und Gläubige besetzen fast das ganze öffentliche Leben.

#Flüchtlinge 18bis35jährige mit schmerzenden Hoden würden sogar Claudia nicht verschmähen. Hormone siegen - bis zum viehischen Mord.(Hormonstau als Ursache für sexuelle Übergriffe wird vom Kriminologen Pfeiffer ausgeschlossen)

#maybritillner Islamische Flüchtlinge sind keine Gefahr! So? Dänen, Spanier oder Japaner beherrschen nicht die negativen medialen Schlagzeilen.

#maybritillner Laut H.Kraft haben „30.000 Zuwanderer freiwillig NRW verlassen". Wohin gehen die eigentlich? Auch in angeblich "unsichere" Länder?

#Aleppo Auch Wahrheit und Logik werden in Aleppo zerschossen. Warum soll in Aleppo verhandelt werden, in Mossul aber nicht? https://cevenole.blogger.de/stories/2619583/ …

#postfucktisch Einer meiner Freund hat das Wort des Jahres völlig missverstanden, als "Zeit nach dem Geschlechtsverkehr".

#Bildung #Pisa Wir schaffen das! Wir machen die Gaußsche Glockenkurve platt. https://cevenole.blogger.de/stories/2619630/ …

#Flüchtlinge Bei dem ganzen widersprüchlichen Zahlensalat in der Flüchtlingskrise bin ich nicht mehr sicher, ob Regierung die Zahl der Deutschen kennt.

Dieter_Rakete @Dieter_Rakete 11. Dez.

#burkaverbot Es ist eine Beleidigung Allahs zu glauben, es sei ihm der Verzicht auf Alkohol und Schweinefleisch wohlgefällig, sowie die Verhüllungen.

#Flüchtlinge Kein einziger Christ hat gebrüllt:"Jesus ist groß", bevor er sich und andere in die Luft sprengte
https://cevenole.blogger.de/stories/2619763/ …

Twitter-Sammlung 59

07.12.2016

#cdupt Merkel unterscheidet sich von Gandhi, Luther-King, Mutter Theresa dadurch, dass sie ihre hochgelobte Wohltat von 2015 nicht wiederholen will

#pisa2016 Katastrophales Sozialverhalten und mangelnde Deutschkenntnisse sind auch Gründe fürs miese Ranking
https://cevenole.blogger.de/stories/2619218/ …

#Aleppo Es waren nicht Regierungstruppen, die als erste begannen, Aleppo in Schutt und Asche zu legen

#cdubpt16 In Teilen islamischer Geistlicher wird "Aufklärung" und Trennung von Staat u Religion abgelehnt, weil Allah u Koran ihre Macht verlören

#CDUParteitag "Ich" habe Euch viel zugemutet"- Ihr Zweifler und Verzagten! Je nun - war das auch richtig? Und "Ihr müsst "mir" helfen" - Wobei?

#hartaberfair Ich bin kein "Vergessener". Im Spannungsfeld von vielerlei „-ismen" beurteile ich Politik nach richtig, klug, nützlich oder falsch, doof, schädlich

#Populismus #Eliten Lasst die Gehirne durch Begriffe nicht aufkochen. Anschauung des Sternenhimmels macht auch glücklich
https://cevenole.blogger.de/stories/2618997/ …

#feminisme Wenn ich beim Anblick einer sexy bekleideten Frau eine Erektion bekomme, dürfte ich das ohne Skandal einer lesbischen Feministin erzählen

#Merkel schafft es, ihren verzapften Unsinn in solche Worte zu kleiden, so dass viele meinen, der Unsinn sei vernünftig. Sie wahrscheinlich auch

#hartaberfair Trittins einzige Kompetenz liegt in leidenschaftlich, böser Rhetorik mit bullshit. Für Deutschland hat er gar nichts erreicht.

#eliten Was würden "Populisten" schlechter machen als die sog. Eliten? https://cevenole.blogger.de/stories/2618867/ ... Welche Erfolge weisen Eliten auf, um diffamieren zu dürfen

#VanDerBellen #Renzi Auf welche Erfolge sind Europas "Eliten" eigentlich stolz, um "Populisten" diffamieren und bekämpfen zu dürfen?

#annewill V.d.Leyens Allgemeinplätze und Prof. Guerots Kabarett adeln "Populisten"

#annewill Schümer grandios: "Auch Merkel glaubt nicht mehr an Europa. Andernfalls würde sie nicht alles allein machen".

#McKinsey #CDU CDU sagt gestern: "A ist wahr" und im vorbereiteten Leitantrag: "Nicht-A ist wahr". Sie nähern sich damit dem "Pöbel" der AfD

Twitter-Sammlung 58

03.12.2016

#Ukraine #Syrien Warum wird Südtirol so selten als Modellbeispiel für Probleme in der Ukraine und in Syrien genannt?

#Islam Nach einem 1. Faszinosum (Hitler) gibt es nun ein 2.: Die wenig kritisierte Ausbreitung aller Facetten des Islam besonders in Deutschland

#multicultural Bin traurig u wütend dass kulturfremde, fanatisierte, faschistische Muselmanen meinen geliebten, harmonischen Multikult zerstören

#Maischberger In Mossul und Aleppo gibt´s ein annähernd gleiches Problem: Eroberung einer Stadt mit Zivilisten. Berichte darüber sind aber gegensätzlich. Lügen?

#Maischberger Ich glaube nicht, dass die meisten Journalisten bewusst lügen. Sie sind eher selber indoktriniert, uninformiert oder auf der "dummen" Seite der Gaußschen Glockenkurve

#Merkell ."Emotionen" u "Bauch" müssen in der Fehlerquote zulegen, um Merkels vielgepriesene "Vernunft- und Kopf-Entscheidungen" (weil Physikerin) einzuholen

#Islamophobia Bei mir ist eine seltene Allergie gegen den Islam in seiner mittelalterlichen Ausprägung diagnostiziert worden.

#Aleppol Was machen denn die 400 000 Binnenflüchtlinge aus Ost-Aleppo im Machtbereich des "Schlächters" - in West-Aleppo?

#Syrien #Aleppo Kann Syrien ohne Gewalt befriedet werden? https://cevenole.blogger.de/stories/2618275/ ... Gibt es "gute" und "böse" befriedende Gewalt?

#AfD Großer Spaß: Freunde fragen wegen Ablehnung der AfD. Spektrum der Antworten: Keine Gründe bis zu solchen aus Leitanträgen der CDU

#Merkel bleibt alleinige Führerin auf dem deutschen Narrenschiff https://cevenole.blogger.de/stories/2618443/ ... Ihre Moral überragt alle. Der Gipfel bleibt im Nebel

#Merkel Schwach- und Irrsinn sind Kinder der einfachen Lösungen. Wir Eliten haben komplexe Gedanken von Schachgenies https://cevenole.blogger.de/stories/2618366/ ...

#maut So eine Sauerei! Der "Bayer" bekommt seine Maut, und alle Autofahrer-auch die Ausländer - beteiligen sich an der Finanzierung unserer Autobahnen.

Herstellung und Verlag:
BoD - Books on Demand, Norderstedt
ISBN 978-3-7460-1805-8